AF452126

LETTRE

A S. EX. LE MINISTRE DES FINANCES

12,199 — IMPRIMERIE R. HOUSSE.

LETTRE

A S. EXCELLENCE LE

MINISTRE DES FINANCES

SUR

LE TAUX DE L'INTÉRÊT DE L'ARGENT, LES CRISES FINANCIÈRES
ET LE MOYEN DE LES PRÉVENIR

PAR

TERTIUS

———

PARIS

E. DENTU, LIBRAIRE-ÉDITEUR

Palais-Royal, galerie d'Orléans, 13 et 17

—

1862

LETTRE

A S. EX. LE MINISTRE DES FINANCES

Monsieur le Ministre,

« Dans notre époque de transformation et de transition, nous sommes atteints de bien des maladies sociales et morales ; il y a bien des folies dans les têtes, bien des mauvaises passions, bien des faiblesses dans les cœurs ; mais les sources pures ne sont point taries ; les forces honnêtes ne sont point éteintes ; et quand les hommes voient apparaître, dans une personnification un peu éclatante, la santé de l'esprit et de l'âme, ils s'inclinent avec respect, et la prennent volontiers pour conseiller et pour guide[1]. »

Je ne pourrais mieux exprimer le sentiment qui m'a porté à placer cette lettre sous le patronage de Votre

---

[1] Guizot, *Mémoires pour servir à l'histoire de mon temps*, t. IV, p. 320.

Excellence, qu'en reproduisant ces lignes d'un éminent écrivain.

Sur le point de livrer à la publicité des réflexions dictées par l'amour du bien, ce sentiment seul ne suffit pas pour me soutenir dans cette épreuve. Il est de la nature des caractères modestes et réservés de chercher avec anxiété un point d'appui dans ce monde de passions, où ils vont jeter en pâture aux critiques, peut-être au blâme, le résultat consciencieux de longues recherches et de patientes études. La certitude de faire le bien, et de chercher à l'accomplir, n'est pas elle-même assez puissante pour les encourager dans l'essai qu'ils vont tenter. Ils désirent encore un soutien moral qui les protége et vienne mettre dans la balance des attaques qu'ils redoutent le contrepoids d'une haute et noble approbation, qu'ils osent espérer.

Cet appui, c'est auprès de vous, Excellence, que mon œuvre le cherche. Vous êtes, parmi les défenseurs des intérêts publics, de ceux qui représentent, au degré le plus éminent, l'intelligence pratique, le dévouement personnel ; de ceux qui assistent, sans que leur caractère intègre en soit atteint, aux faiblesses, aux défaillances de notre temps, aux fortunes qui s'élèvent comme par miracle, et s'évanouissent comme par enchantement ; qui savent apprécier le bien, condamner le mal, et pourraient s'écrier avec Juvénal : Vivons irréprochables pour cent raisons, surtout pour braver la langue des envieux !

II

C'est une des gloires de la France, et celle qui fit long-temps l'orgueil de l'antique Rome, que de compter dans les rangs de ceux qui la gouvernent des hommes de bien et de génie, dont la sagesse pratique et les profondes lumières marchent à travers les tendances contradictoires de leur époque, en modifiant les lois, selon la nature mobile de l'homme, sans céder cependant ni aux résistances aveugles qui veulent retenir la marche du progrès, ni aux innovations imprudentes qui poussent vers de perpétuels changements.

En effet, si, d'une part, l'esprit humain change, varie, et impose ainsi à l'homme d'état l'impérieux devoir de modifier les lois suivant ces variations, d'autre part, les besoins matériels de la vie, et surtout les besoins moraux ne changent jamais fondamentalement.

Depuis le jour où l'homme a commencé à vivre en société, ses besoins sont restés foncièrement les mêmes : il les a comprimés ou excités, mais il n'a pu les changer. Aujourd'hui, comme aux temps les plus éloignés de notre civilisation, l'homme se nourrit des mêmes aliments ; il se couvre des même produits ; il se sustente toujours de pain, de légumes, de viande, de laitage ; il s'habille toujours du produit de la laine et du lin ; il construit des villes, des maisons, des monuments ; il a les besoins moraux qu'avaient déjà les générations passées.

Tous ces besoins ont pu se développer suivant l'élan de la civilisation vers le progrès, mais il n'ont point changé. La base reste éternellement la même. L'habit est d'un drap plus ou moins finement tissé, mais provient toujours de la laine ; les habitations sont devenues des palais, mais sans cesser d'être bâties en pierres et en ciment. Enfin la richesse circule, mais toujours fondée sur l'or et l'argent.

Au milieu de ces progrès, de ces révolutions, de ces transformations et de ces découvertes, l'homme a vaincu, par son infatigable persévérance, bien des difficultés ; il n'est pourtant jamais parvenu à découvrir certains mystères de la nature ; jamais encore, malgré ses efforts incessants, il n'a pu produire les métaux précieux.

L'or et l'argent sont restés le secret de la nature, malgré les recherches de la science et les rêves des alchimistes. Cette impuissance cache un mystère suprême, en face duquel l'orgueil de l'homme doit s'incliner sans faiblesse. Ni l'éloquence des savants, ni les paradoxes des rhéteurs ne sont assez puissants pour dissimuler cette vérité : l'or et l'argent ne peuvent se créer ! L'expérience pratique est ici désolante de réalité.

Ce fait incontestable établi, l'argent étant un produit que l'homme ne peut inventer, ni créer à sa volonté, l'intérêt de la société est de rechercher dans quelle condition doit être mis le possesseur de ce métal précieux, en face de l'emprunteur ou de celui qui en a besoin.

En posant cette question, on touche à celle du taux légal de l'argent et aux lois qui régissent actuellement la matière. La question du taux légal est d'un intérêt général pour toutes les classes de la société, pour le riche comme pour le pauvre, pour le capitaliste comme pour l'artiste, l'industriel, le commerçant, et n'intéresse pas moins le peuple qu'une question alimentaire, qui souvent en dépend, au moins en grande partie.

Faut-il maintenir les lois pénales actuelles contre ce qu'on est habitué d'appeler l'usure? Faut-il rapporter ces lois? Faut-il proclamer la liberté illimitée dans les transactions, qu'il s'agisse d'argent ou de marchandises?

Les uns disent oui! les autres, non! Entre les clameurs des novateurs qui prétendent parler au nom du progrès et les protestations des timorés agissant au nom de l'expérience, le législateur s'agite et se trouble sans trouver une solution.

C'est qu'il n'est pas de question au monde sur laquelle on puisse se trouver en plus flagrante contradiction, sans cesser pourtant d'avoir l'apparence de la vérité. Dans la même journée, au même moment, on entend autour de soi les hommes les plus recommandables, et les écrivains les plus pratiques, tirer du même fait deux conséquences radicalement contraires. « L'argent est abondant, le taux du loyer de l'argent est bas: donc, s'écrie le premier, c'est une preuve de richesse! — Mais, répond aussitôt un autre oracle, si l'argent est si abondant, si le loyer en est réduit à rien, c'est qu'il est sans emploi, sans demandes : donc l'industrie, le commerce ne prospèrent pas ; la richesse nationale éprouve un temps d'arrêt. »

Entre ces deux propositions extrêmes, il s'en présente une troisième, brochant sur le tout, et proclamant bien haut qu'il ne faut s'inquiéter ni de la hausse, ni de la baisse du taux de l'argent. L'argent est une marchandise comme le bois ou le charbon ; « levez toutes les entraves, abolissez toutes les lois pénales, proclamez la liberté illimitée des transactions et tout ira au mieux dans le meilleur des mondes. »

III

L'ARGENT EST UNE MARCHANDISE. Je voudrais sommairement énumérer les raisons bien simples, bien naturelles, qu'on peut opposer à cette phrase passée à l'état d'axiome chez quelques économistes modernes. Mais pour les esprits sérieux, les mots ou qualifications sont d'une importance secondaire. S'efforcer d'appeler l'or et l'argent *marchandises*, pour prouver qu'on peut en trafiquer, comme de tout autre produit de la terre ou de l'industrie, c'est préjuger la question au lieu de la résoudre, mais ce n'est nullement changer la nature de l'or et de l'argent, ni la condition et les moyens d'obtenir, de posséder et de s'approprier ces métaux précieux. Je néglige donc les mots pour m'attacher au fond de la question. Cependant, avant de l'aborder, n'est-il pas nécessaire de faire justice d'un autre argument plus spécieux encore, et qui se reproduit avec une désolante persistance, à propos de presque toutes les questions financières. Je veux parler de ce singulier engouement, chez des hommes d'ailleurs fort sensés, de toujours vouloir imiter, surtout quand il s'agit de commerce et de finances, l'exemple de l'Angleterre.

Nulle prévention ne m'égare : je juge d'après le procédé le plus pratique, l'expérience. J'ai habité plusieurs années l'Angleterre et étudié à mon aise ses institutions, ses mœurs, ses lois et ses coutumes, plutôt en admirateur fervent qu'en observateur prévenu. Or, à mon avis, le pire de tous les maux qui travaillent actuellement notre société est celui qui consiste à vouloir, en tout et partout, servilement copier les habitudes, les mœurs, la législation de nos voisins d'Outre-Manche. Étrange égarement, peut-être sans exemple! bizarrerie de l'esprit! le peuple le plus jaloux de sa nationalité, est tourmenté par une tendance singulière, celle de rabaisser la plus belle part de son patrimoine moral : la raison et le bon sens! devant une autre nation ; de lui faire les honneurs de tout ce qui est juste, droit, libre, pour se réserver le triste privilège de se classer au-dessous d'elle. Les qualités les plus brillantes, les dons les plus précieux dont le Créateur peut avoir généreusement gratifié un peuple, contribuent peu à son bonheur et à sa prospérité, si à ces dons naturels ne vient se joindre une législation qui s'harmonise parfaitement avec ses mœurs, son caractère et son génie. Les emprunts faits aux législations étrangères, même excellents en apparence, ont rarement la bonne fortune d'être pratiquement bons et véritablement nécessaires ; ils servent, le plus souvent, à proclamer une infériorité morale, la pire des infériorités pour un État de premier ordre.

Rome commença par aliéner son originalité, par changer ses mœurs, et finit par perdre sa grandeur pour s'être approprié les mœurs et les lois de la Grèce [1]. Ce n'est pourtant pas sans résistance que les mœurs grecques s'in-

---

[1] Mon fils, écrivait le premier Caton, je vous parlerai des Grecs en temps et lieu, je vous dirai ce que j'ai observé dans Athènes et je prouverai qu'il est bon d'effleurer leurs arts et non de les approfondir. (PLINE, *Hist. nat.*)

troduisirent dans Rome. Suétone raconte que Tibère, jaloux de la dignité romaine, résistait à l'influence grecque qui s'étendait à tout. Il poussa ce sentiment si loin qu'il lui arriva de s'excuser en plein sénat d'employer le mot *monopole*, à défaut de mot latin ; il préférait une périphrase.

Les différences d'origine, de caractère, de goût, de climat, sont autant de raisons plaidant contre ces imitations serviles[1]. On se révolterait en France contre l'application de certaines coutumes des Etats-Unis passées à l'état de loi, la loi de Lynch, par exemple. En Angleterre, on comprend difficilement la disposition du Code imposant à un père le partage par égales portions de sa fortune entre ses enfants, ce qui, d'après les Anglais, est un attentat à la liberté personnelle, une violation du droit de chacun de disposer comme il l'entend de sa propriété[2]. Ainsi sur le continent il est des lois anglaises qu'on vante ou qu'on déprécie sans

[1] « Depuis 1815 nous sommes condamnés à copier en tout nos voisins d'Outre-Mer. Si l'imitation amenait toujours la ressemblance, nous conseillerions de poursuivre cette imitation avec persévérance, car il y a de belles et grandes institutions en Angleterre. Mais malheureusement les copies serviles ne produisent jamais qu'un résultat pernicieux. Prenons l'habit de nos voisins, si vous le voulez absolument, mais au moins, coupons-le à notre taille. »　*L'Idée napoléonienne*, page 32. (Édition de Londres.)

[2] Il y a pourtant en France des hommes de mérite qui professent la même opinion que les Anglais sur le droit de tester à son gré, sans le contrôle de la loi. M. P.-J. Proudhon, qu'on ne saurait accuser de vouloir ressusciter le droit d'aînesse, s'exprime ainsi en parlant de l'égalité du partage :

« La loi civile a pu, statuant d'une manière générale et sur l'hypothèse
« d'une égalité qui n'est pas *dans la nature*, mais que notre devoir est de
« procurer, la loi civile a pu, dis-je, faire que tous les enfants d'un même
« père héritent de lui par portions égales. Ce qu'elle ne saurait faire, c'est
« que le prodigue, le fainéant, l'insensé, soient aussi méritants devant
« l'opinion que l'économe, le laborieux, l'intelligent, que par conséquent
« ils *possèdent de leur nature le même droit*. »　(*La Guerre et la Paix*, t. II, p. 395.)

les avoir approfondies, qui, appliquées isolément, seraient, au point de vue français, une atteinte flagrante portée au sentiment d'égalité dont on est plus jaloux que de la liberté même.

En blâmant ce singulier engouement d'imitation, je suis loin de penser qu'on doive systématiquement repousser tout ce qui vient de l'étranger, encore moins d'admettre que la législation anglaise garde le silence sur le délit d'usure. Il existe en Angleterre une série de dispositions législatives très-rigoureuses contre ce délit. La législation du quinzième siècle, celle du moyen-âge ont encore force de loi, et peuvent être invoquées et appliquées par les magistrats. Des articles de lois émanant de divers rois d'Angleterre, n'ont jamais été rapportés. On pourrait ne déroger aucunement à la justice en appliquant des pénalités qui datent du règne d'Edouard III, de Henri VIII et de sa fille Elisabeth.

Après tout, le grand mérite de la législation anglaise, c'est de laisser beaucoup, peut-être trop, à l'appréciation et à la conscience du juge. Le magistrat indépendant, non salarié, presque irresponsable, souvent juge dans sa propre cause, reçoit des éloges quand, montrant avec tact la connaissance du temps où nous vivons, il oublie les rigueurs du moyen-âge et la barbarie des pénalités décrétées par les souverains de la Grande-Bretagne, pour appliquer des peines plus en harmonie avec nos mœurs. Mais agirait-il autrement qu'il resterait dans la loi, et l'opinion publique seule pourrait lui demander compte de ses rigueurs inopportunes, sans pourtant pouvoir l'accuser d'illégalité. C'est à la fois la force et la faiblesse de la législation anglaise, c'est le défaut et le mérite de sa magistrature : son défaut, puisque l'homme est sujet à l'erreur, et que la loi doit la rendre difficile ; son mérite, puisque, malgré la loi, l'erreur est rare.

La sévérité de la législation ne prouve pas nécessairement des mœurs barbares, pas plus que l'application de la peine capitale ne prouve la cruauté des magistrats. Quelle est donc la vérité sur les lois anglaises ? C'est qu'il n'en faut pas juger superficiellement, ni d'après la rigueur des pénalités rarement appliquées, ni d'après les déclamations souvent exagérées de certains publicistes, ni d'après les préventions intéressées qui aiment mieux blâmer la loi que d'éclairer l'opinion. Il faut les apprécier d'après les mœurs, la tradition, la justice, les lois du cœur humain, la conscience, le sens pratique, toutes règles plus sûres qu'une logique étroite et spéculative, se défiant constamment du jugement de l'homme.

Cependant une pareille jurisprudence, ces tolérances de fait, dérogeant aux rigueurs légales et les rejetant bien loin, rien ne serait plus impopulaire en France. Ici le prestige qu'on attache à la loi dépend précisément de son immutabilité. Pour la respecter, le citoyen a besoin d'être convaincu que celui qui est si souvent l'arbitre du sort de son semblable, est lui-même soumis à des règles, à des lois qu'il ne peut ni modifier, ni aggraver, ni enfreindre, suivant sa volonté ou son appréciation.

Il ne faut donc pas soumettre les faits aux doctrines, mais plutôt tirer des doctrines les faits. Je constate un fait, et j'en tire la déduction naturelle. Le Code Napoléon, ce chef-d'œuvre de sagesse, appliqué avec éclat par les conquêtes impériales dans divers pays d'Europe, n'a pas changé les idées, les habitudes, les mœurs des peuples différents. Ostensiblement, on se soumettait à la loi ; intérieurement et en pratique, on la violait partout où on le pouvait.

Quel contraste frappant existe encore aujourd'hui entre un allemand du Wurtemberg et un italien de Naples ? Ils ont cependant vécu sous les mêmes lois, mais elles ont été impuissantes à créer une assimilation qui n'était ni dans le caractère, ni dans les mœurs, ni dans la tradition de ces deux peuples. N'en avons-nous pas des exemples saisissants dans ce qui se passe aujourd'hui sous nos yeux, au réveil de toutes ces nationalités endormies depuis des siècles, et revendiquant fièrement leurs lois, leurs langues, leurs institutions, leurs droits, leur autonomie ?

IV

Rome, poussée par son orgueil à la domination du monde, conquit la terre, mais non les hommes. Jules César, traînant après lui les mœurs et les habitudes romaines, en marchant à la conquête des Gaules implantait les lois du peuple-roi : mais put-il éteindre la sève de ce vieux sang gaulois, en changer la nature ? Cette forte race des Gaules a résisté à la conquête, à l'assimilation du vainqueur, à l'attrait de la civilisation romaine ; elle a gardé son génie qui, après tant de siècles, reste encore celui de la France. C'est que la nature conserve ses droits imprescriptibles.

L'homme fait la conquête du monde, la civilisation brise bien des barrières, efface les limites, l'industrie aplanit ou traverse les montagnes, mais au milieu de ces progrès, de ces découvertes, au milieu des prétentions singulièrement orgueilleuses de la science, la nature reste immuable. Ni le temps, ni les révolutions n'ébranlent son empire indestructible; ni les innovations ni les progrès accomplis depuis un siècle, ne détruisent les signes inaltérables dont elle a marqué chaque nation. Ces signes imprimés par la main de Dieu sur le front de l'homme, ce souffle, ce rayon de lumière céleste qui règne sur l'individu comme sur le sol, sur l'être moral comme sur la chose matérielle, dans l'air, dans la nature, dans l'aspect du paysage, comme dans le ciel, tout cela produit ce phénomène si simple, et pourtant si profond et si mystérieux de la diversité des races.

Que des écoles, moins novatrices qu'on ne le pense généralement, préconisent une législation universelle pour tout le genre humain, sans tenir compte de cette distinction, de ces mystères de la nature, ces doctrines, vieilles comme le monde, peuvent entraîner de jeunes imaginations, des cerveaux maladifs, inquiets de leur destinée, heureux de tout changement dans lequel ils entrevoient la possibilité de satisfaire leur ambition déçue. Mais les leçons de l'expérience et le bon sens des masses protestent contre ces doctrines dont l'adoption tendrait à anéantir les gloires d'un peuple, et à remplacer le sentiment le plus noble, l'attachement aux traditions nationales, par une servile imitation de lois et d'institutions étrangères aux mœurs et aux coutumes de la patrie.

Les Romains pratiquèrent pieusement le principe du respect des mœurs et des institutions nationales; et c'est ainsi qu'ils conservèrent longtemps l'adhésion des peuples conquis, car rien n'obtient plus les suffrages des populations que ce sentiment de vénération pour leurs lois et cette crainte salutaire de trop les changer.

Est-il sage de rapporter des lois dont le bon résultat est consacré par les siècles? Est-il politique même, de modifier une législation dans un sens, qui, aux yeux du peuple, semble favoriser une classe de citoyens, la plus fortunée, au détriment de tous? Est-il prudent, au point de vue financier, parce que la prospérité est venue sourire à la France pendant plusieurs années, parce que l'abondance du numéraire l'a mis à l'abri des crises, de croire à une prospérité constante et de changer ses lois comme si le pays était pour jamais à l'abri de toutes les atteintes de l'adversité [1]?

C'est à vous, Monsieur le Ministre, qui êtes placé par votre position et vos éminentes qualités au-dessus des passions intéressées et des entraînements irréfléchis, à juger ce grand problème. De sa solution dépend, j'ose le dire, le bonheur et la prospérité de l'Empire, la fortune et l'avenir de plusieurs millions de modestes familles.

---

[1] Au milieu des circonstances favorables, tout est facile : des lois réglementaires médiocres se prêtent suffisamment au jeu des forces sociales; toute institution passablement organisée fonctionne avec une régularité satisfaisante, et ceux qui la dirigent ont la tentation de la croire une perfection : tel administrateur, dont l'intelligence ne dépasse pas le niveau commun, peut attribuer la prospérité publique à sa participation aux affaires de la patrie, et voit en rêve la postérité lui dressant des statues; mais quand les circonstances deviennent laborieuses, les lois, les institutions, et les hommes sont soumis à une épreuve, et le moment est venu de les juger. (MICHEL CHEVALIER, *Revue des Deux-Mondes.*)

II

L'USURE ET LE PRÊT A INTÉRÊT

Il est peu de matières qui offrent une étude plus curieuse et plus intéressante que celle du prêt et de l'usure. Si nous remontons dans l'antiquité, jusqu'à 3,500 ans en arrière, nous trouvons Moïse, qui s'inspire de la parole divine, pousser l'horreur de toute espèce d'usure jusqu'à prohiber même l'intérêt du prêt [1].

J'ai entendu certains esprits, plus subtils qu'érudits, ex-

[1] Voici les textes des différents livres de la Bible à ce sujet :

Deutéronome (ch. 33, v. 19 et 20). — « Vous ne prêterez point à intérêt à votre frère, soit intérêt d'argent, soit intérêt de grains, soit de toute autre chose dont on puisse tirer intérêt

« Mais vous prêterez à votre frère ce dont il aura besoin, sans en tirer aucun intérêt, afin que le Seigneur Dieu vous bénisse en tout ce que vous ferez dans le pays dont vous devez entrer en possession. »

Lévitique (ch. 25, v. 36, 37). — « Vous ne prendrez point d'intérêt à votre frère, et vous ne tirerez pas de lui plus que vous ne lui aurez donné. Craignez Dieu, afin que votre frère vive chez vous.

« Vous ne donnerez point votre argent à intérêt, et vous n'exigerez point de lui plus de grains que vous ne lui en aurez donné. »

Exode (ch. 22, v. 25). — « Si vous prêtez de l'argent à mon peuple, au

pliquer cette défense du législateur hébreu d'une manière
assez singulière : Moïse voulait dire qu'on ne doit pas prêter à intérêt à un frère. Mais ici le mot frère, d'après le
texte hébreu et grec, veut dire tous les peuples avec lesquels le peuple hébreu se trouvait en relations d'amitié ou
d'affaires. On ne prête jamais à ses ennemis, et moins alors
qu'aujourd'hui. La défense de Moïse ne pouvait donc sous-
entendre les Gentils, auxquels les Juifs se seraient bien gar-
dés de rien prêter.

Mais, dira-t-on, les Israélites étaient un peuple de pasteurs, sans commerce, dont la propriété était constituée
d'une manière toute différente que la nôtre, et il est ridi-
cule d'aller exhumer de l'Ecriture des préjugés fort naturels chez une nation qui en était pétrie. Laissons donc la
législation juive, et jetons un coup-d'œil rapide sur celle
des autres peuples de l'antiquité, dont la civilisation avancée dans ce temps, est incontestable.

pauvre qui est avec vous, vous ne vous comporterez point avec lui comme
un exacteur, et vous ne mettrez point d'intérêts sur lui. »

Psaumes (ch. 15, v. 1 à 4). — « Seigneur, qui demeurera dans votre
tabernacle? ou qui reposera sur votre sainte montagne?

« Celui qui ne donne point son capital à intérêt.

« Quiconque pratique ces choses ne sera point ébranlé dans toute
l'éternité. »

Prophètes (Ezéchiel, ch. 18, v. 5, 13, 17). — « Si un homme est juste, s'il
agit selon l'équité et selon la justice, il ne prêtera point à intérêt, et ne
recevra pas plus qu'il n'a donné.

« Qu'il prête à intérêt, et qu'il reçoive plus qu'il n'a prêté, vivra-t-il
après cela? Non certes, il ne vivra point : puisqu'il a commis toutes
ces abominations, on le fera mourir de mort, et son sang sera sur sa
tête.

« Qu'il détourne la main de toute injustice à l'égard du pauvre, qu'il ne
prenne point d'intérêts et ne reçoive rien au-delà de ce qu'il a prêté;
qu'il garde mes ordonnances et qu'il marche selon mes préceptes; celui-
là ne mourra point, mais très-certainement il vivra. »

Les livres sacrés de l'Inde, les Vedas, les Pouranas, leurs commentaires, et les lois de Manou défendent l'usure.

Confucius, le législateur et philosophe chinois, près de six siècles avant l'ère chrétienne, exprime le même sentiment, formulé presque dans les mêmes termes.

Zoroastre, le réformateur du Parsisme, .dont l'époque indécise flotte du XIIIe au VIe siècle avant J.-C., fulmine également l'anathème contre l'usure.

Pythagore, ce grand philosophe qui, six siècles avant l'ère moderne, parcourait la Phénicie, la Perse et l'Egypte pour recueillir toutes les traditions de la sagesse antique, tient le même langage.

Dira-t-on que tous ces législateurs, ces philosophes, ces prophètes, hébreux, grecs, perses, chinois, ont subi les préjugés de leur temps ? Eh bien ! j'admets cette objection, j'admets qu'aux mœurs actuelles il faille d'autres lois ; que ni les livres de Moïse, ni les maximes de Confucius, ni la civilisation des Perses, aussi peu que leurs mœurs, ne conviennent à notre époque. Mais nul ne pourra contester la supériorité des classiques, celle de la jurisprudence romaine qui était la véritable science des Romains, dans laquelle ils ont excellé, et qui fait encore aujourd'hui notre admiration, lorsqu'elle ne nous sert pas de modèle.

Ce n'est pas la loi seulement qui prohibe l'usure; ce n'est pas seulement dans le forum que des orateurs populaires jettent l'anathème contre ce crime puni par les Dieux ; mais c'est encore la puissance souveraine, les Césars, qui déchaînent leur colère contre le commerce usuraire, la lèpre de l'Empire[1]. Consultons les grands

[1] Salluste, dans sa deuxième lettre à César, propose l'abolition de l'usure.

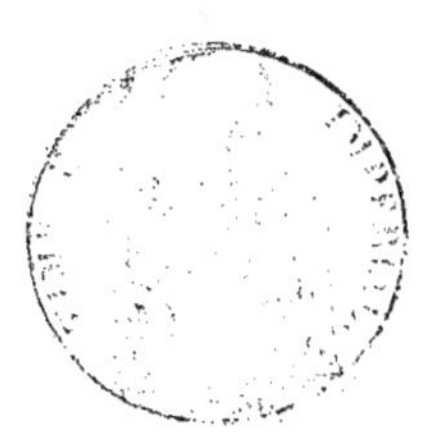

écrivains, les orateurs illustres, les historiens éminents, les modèles qui nous reviennent après un court abandon, et qui seront éternellement les plus agréables compagnons des natures cultivées et sérieuses.

Remarquons d'abord qu'on retrouve la théorie de Moïse dans le plus grand écrivain de la Grèce. Aristote condamne également, et met sur le même rang, ceux qui prélèvent un intérêt du prêt et ceux qui font le métier infâme de la prostitution. Les motifs qu'il en donne sont d'autant plus curieux qu'ils servirent d'arguments à toute la scolastique du moyen-âge pour soutenir la même doctrine. Les uns et les autres, dit-il, tirent profit d'un commerce inique. Il est contre les lois de la nature qu'une chose stérile de soi-même, telle que l'argent, porte du fruit. C'est avec raison « que l'intérêt est odieux à tout le monde, en ce qu'au lieu « de faire servir l'argent aux échanges pour lesquels il « a été créé, on s'en sert pour le faire multiplier. Comme « chaque espèce produit son semblable, de même dans « l'usure l'argent produit d'autre argent, ce qui est visible- « ment contraire à sa nature [1]. »

Sans aller aussi loin, Cicéron, établissant en principe qu'il est des moyens injustes de s'enrichir qu'on doit flétrir, cite comme exemple l'usure, qu'il appelle un trafic honteux qui excite la haine et l'indignation des hommes. Il rapporte que Caton, interrogé à ce sujet, répondit que prêter à usure ou tuer un homme c'était le même crime : *quid fœnerari? quid hominem occidere*[2]?

Aulugelle fait un épouvantable portrait de l'usurier. Sénèque le stigmatise avec une égale énergie, en signalant

[1] L. IV Mor. c. I.
[2] Offic. l. I.

son acte comme un crime contre nature[1]. Pline en dénonce la source dans l'avarice et la paresse. Plutarque composa exprès son traité *De vitando ære alieno* pour montrer les ravages et l'iniquité de l'usure, qui est, dit-il, comme la rouille qui ronge et consume tout. Il rapporte que Lucullus fut obligé de l'arrêter.

Lisez Suétone et Tacite, assez souvent en contradiction sur les faits, mais toujours d'accord quand ils parlent des ruines que produisent la cherté de l'argent. Tacite surtout, celui que je cite de préférence comme un auteur aimé, Tacite parle de ces usuriers qui dévoraient l'Empire. « Dans ce même temps, dit-il, une multitude d'accusations se levèrent contre ceux qui faisaient valoir l'argent au mépris d'une loi que César le dictateur avait publiée pour l'Italie, concernant le prêt et la nature des biens. »

Mais la cupidité l'emportait sur la crainte qu'inspiraient les décrets des Césars. Les prêteurs continuaient leur commerce, soit en se servant de l'intermédiaire de certains affranchis, qui devenaient ainsi responsables du délit, éludant la loi par des moyens assez ingénieux pour qu'aujourd'hui encore, malgré nos progrès, ils soient restés les mêmes. Rien ne pouvait détruire cette lèpre de l'Empire. « L'usure, dit encore Tacite avec une espèce de découragement, est une des plus anciennes calamités de Rome ; elle y fut autrefois la cause d'une infinité de querelles et de séditions. »

[1] SÉNÈQ. 7 L. benef. c. 10.

II

Jusqu'ici j'ai parlé des païens, des idolâtres et des hérétiques, comme disent beaucoup de gens d'esprit de notre temps, en désignant les peuples de l'antiquité ; je me hâte donc de rentrer dans la bonne voie, et de remonter à la source pure du Christianisme.

Greffé sur la loi de Moïse, il vint ressusciter purement et simplement l'interdiction de tout intérêt du prêt. Mais, ayant en même temps créé la distinction fondamentale des deux pouvoirs, il semblait ne devoir jamais appliquer à la loi civile, uniquement basée sur la justice, un précepte spirituel de pure charité. Il n'en fut pas ainsi, et des premiers empereurs chrétiens à la fin du xviii° siècle, cette doctrine régit, bien qu'avec quelques vicissitudes, toute la législation des sociétés temporelles. Cependant les théologiens, les casuistes et les juristes, se plaçant bientôt au point de vue, non de la charité, mais de la justice, reconnurent que le prêt peut donner droit à une indemnité dans trois sortes de cas, qu'ils nomment « lucre cessant, dommage naissant, ou péril du capital, *lucrum cessans, damnum emergens, periculum sortis*. Or, il n'est aucun prêt où l'on ne puisse invoquer, à un degré ou à un autre, l'un de ces motifs de rénumération, et même tous les trois à la fois. En effet, l'argent pouvant toujours être employé, rapporter ailleurs et sous une autre forme, et le prêt entraînant nécessairement un risque quelconque, il y a toujours gain cessant, dommage naissant, et chance de perte. Il en résulte que, tout en prohibant en principe l'intérêt à raison du prêt, on l'accorde en fait à raison des trois causes définies par la scolastique du moyen-âge, ce qui revient au fond à *interdire, non plus l'intérêt légal,* mais seulement l'usure.

En outre, l'Eglise a, de tout temps, reconnu la justice du profit ou de l'intérêt légal prélevé par le louage, fermage, loyer, et même par la constitution de rente perpétuelle. Or, l'argent pouvant toujours équitablement prélever un intérêt sous cette forme, comment celui qu'il tire du prêt pourrait-il offrir plus d'injustice? Cette considération décisive, jointe aux principes déjà posés par les théologiens du moyen-âge, a décidé, dans les premières années de ce siècle, l'Eglise, tout en conservant le principe, à permettre l'intérêt, en ne frappant que l'usure proprement dite. C'est donc ainsi qu'il faut entendre sa doctrine, au moins au point de vue de son application à la loi civile.

Ces préliminaires établis, nous pouvons, sans danger, faire une étude rapide de la législation religieuse à ce sujet. Constatons d'abord qu'elle changea la langue en appelant *usure* toute espèce d'intérêt du prêt, tout ce qui dépasse en quoi que ce soit la restitution pure et simple du capital prêté ou de sa valeur. C'est la définition canonique de tous les conciles, les papes, les Pères et les docteurs[1]. Saint Thomas d'Aquin, saint Augustin, saint Antonin disent que, bien que l'intérêt du prêt soit toléré par les lois humaines, la loi de Dieu ne le proscrit et ne le punit pas moins. Les

---

[1] Entre autres, Tertullien, saint Cyprien, Clément d'Alexandrie, Lactance, saint Basile, saint Epiphane, Théodoret, saint Bonaventure, Bossuet, le Catéchisme du concile de Trente, tous les autres catéchismes, rituels, pénitenciels, etc.

Milanais objectaient à saint Ambroise que c'était une ancienne coutume ; il leur répond que leur ancienne coutume
est un ancien péché. Il l'appelle « une idolâtrie ». Saint
Jérôme, saint Basile, saint Chrysostôme, saint Thomas, saint
Bernard le nomment « un vol », saint Augustin « pire que
le vol », saint Grégoire de Nysse « un vol et un parricide. »

Cette doctrine était principalement fondée sur ce passage
de l'Evangile : « Prêtez sans en rien espérer [1]. » Les conciles de Latran, sous Alexandre III et sous Léon X, l'assemblée du clergé à Melun en 1579, le concile de Bordeaux,
Tertullien, saint Jérôme, saint Augustin, et la plupart des
Pères et des théologiens expliquent ce passage comme l'interdiction formelle de l'intérêt. Mais il suffit de le lire, ainsi
que tous ceux qui s'y rapportent, pour voir avec la dernière
évidence, que le Christ, par ces paroles, entend un don pur
et simple de charité, comprenant le capital comme l'intérêt,
tout en un mot.

Plusieurs Pères et docteurs, notamment saint Augustin
et saint Jérôme, interprètent également comme prohibition
de tout intérêt du prêt, le précepte du Décalogue qui défend
le vol. Mais nous avons vu comment les théologiens du
moyen-âge justifient le profit légitime de l'argent par les
trois raisons principales du gain que l'argent eût pu rendre,
du dommage qui résulte ainsi de s'en dessaisir, et du risque
encouru.

L'Eglise, se fondant sur les nombreux passages de la
Bible que nous avons cité [2], à propos de la législation
mosaïque, publia elle-même une foule innombrable de
décisions canoniques, interdisant tout intérêt du prêt. On

[1] Saint Luc, c. 6, v. 35. — Voy. saint Matth., c. 5, v. 42.
[2] Voyez plus haut p. 19 et 20, en note.

en a relevé jusqu'à douze cents, parmi lesquels nous pouvons citer celles des Constitutions apostoliques, des conciles d'Elvire vers l'an 300, d'Arles en 314, de Nicée en 325, 1er, 3e et 4e de Carthage en 348, de Laodicée en 364, second de Tours en 461, d'Orléans en 538, d'Aix-la-Chapelle en 816, de Paris en 829, de Pavie en 850, de Reims en 1049, 2e et 3e général de Latran en 1139 et 1179, d'Avignon en 1209, de Narbonne en 1227, d'Albi en 1254, de Sens en 1269, et le second concile général de Lyon en 1274. On y décrète que ceux qui prélèvent un intérêt quelconque du prêt, doivent être traités comme des concubinaires, des adultères, des incestueux, être excommuniés, chassés de l'Eglise et des terres des communautés, privés des sacrements et de la sépulture ecclésiastique. On défend de les loger et de leur louer des maisons, les obligeant à la restitution, eux, leurs enfants et tous leurs héritiers.

Mêmes décisions par les conciles de Poitiers en 1280, d'Auch en 1308, de Trèves en 1310, et par le concile général de Vienne en 1311, déclarant *hérétique* quiconque ose soutenir la doctrine de l'intérêt du prêt. Enfin, pour nous résumer, les conciles de Ravennes en 1317, de Reims en 1383, de Salzbourg en 1420, d'Avignon en 1457, le 5e général de Latran de 1512 à 1516, de Cambrai en 1565, 1er de Milan même année, de Malines en 1570, de Melun en 1579, de Reims en 1583, de Bordeaux même année, de Toulouse en 1590, de Narbonne en 1606, et les Assemblées du clergé de 1657, 1682 et 1700, défendent également comme « contraire à l'Evangile, au catholicisme, au droit naturel et divin, comme hérésie et péché mortel, de retirer aucun intérêt du prêt, » frappant les coupables de toutes les foudres spirituelles, excommunication, dégradation, exclusion de l'Eglise, perte des offices et bénéfices, et refus de sépulture ecclésiastique.

Les Bulles, Décrétales et Constitutions des papes s'expriment de même. On peut citer entre autres celles de saint Léon qui disait : « *le prêt à intérêt est la mort de l'âme;* » celles de Saint-Grégoire-le-Grand, d'Eusèbe II, de Léon IV, de saint Grégoire VII et d'Innocent II qui signalent le prélèvement de l'intérêt comme un crime épouvantable. Alexandre III décide que les papes eux-mêmes ne peuvent donner de dispenses à ce sujet ; que l'intérêt ne peut-être permis même pour en employer le produit au rachat des chrétiens captifs entre les mains des Sarrasins ; que les héritiers de ceux qui ont prélevé un intérêt sont obligés à restitution; que si en prêtant une somme d'argent, on a reçu en gage une terre, les revenus qu'on a perçus doivent venir en déduction sur le paiement du capital qui seul est dû. Urbain III déclare coupables d'usure et obligés à restitution, celui qui prête dans l'intention de recevoir intérêt, lors même qu'il n'en a pas stipulé ; celui qui veut prolonger le terme du prêt expiré dans le même but ; et le marchand qui vend à crédit plus cher que s'il était payé comptant. Innocent III publie diverses Décrétales pour punir ceux qui prélèvent intérêt et les obliger à restitution. Grégoire IX défend à celui qui prête à un navigateur ou à un trafiquant allant à de lointains marchés de rien recevoir au-dessus du remboursement du capital, lors même qu'il prend les risques à sa charge. Grégoire X, Clément V, Léon X, Paul III, Pie V, Grégoire XII, Sixte-Quint et Alexandre VII, renouvellent et appliquent les défenses et lois canoniques portées par leurs prédécesseurs et par les conciles, et condamnent comme illicites et usuraires tous contrats ou sociétés au moyen desquels on s'assure un intérêt quelconque. Dans son décret du 2 mars 1679, Innocent XI condamne comme « fausse, scandaleuse et contraire à l'Écriture et à la tradition » une proposition des casuistes avançant qu'il n'y avait pas usure lorsqu'on recevait l'intérêt de la bienveillance et de la gratitude du débiteur et non comme dû en équité. Benoît XIV, qui disait : « l'intérêt est un monstre, » résumait encore ainsi, au milieu du XVIIIe siècle, la doctrine constante de l'Église :

« Ça toujours été et c'est la doctrine de l'Église catholique, établie sur l'accord unanime des Pères et des théologiens, que tout profit tiré du prêt est usuraire et défendu par le droit naturel, divin et ecclésiastique [1]. »

« L'espèce de péché qui se nomme *usure* et qui a son siége propre dans le contrat du prêt, consiste en ce que celui qui prête, veut qu'en vertu du prêt même, qui de sa nature demande seulement qu'on rende *autant qu'on a reçu*, on lui rende plus qu'il n'a prêté, et prétend, en conséquence, qu'outre son capital il lui est dû un profit à raison du prêt. C'est pourquoi tout profit de cette nature est usuraire et illicite.

« Pour excuser cette tache d'usure, on alléguerait en vain que le profit n'est pas excessif, mais modéré ; qu'il n'est pas grand, mais petit ; que celui de qui on l'exige à raison du prêt n'est pas pauvre, mais riche ; qu'il ne laissera pas la somme prêtée oisive, mais qu'il l'emploiera très-utilement, soit à améliorer sa fortune, soit à l'acquisition de nouveaux domaines, soit à un commerce lucratif ;

---

[1] *De Synod. diœc.* lib. 7. ch. 47.

puisque l'essence du prêt consistant nécessairement dans *l'égalité* entre ce qui est fourni et ce qui est rendu, cette égalité une fois rétablie par la *restitution du capital*, celui qui prétend exiger de qui que ce soit, quelque chose de plus à raison du prêt, s'oppose à la nature même de ce contrat, lequel est pleinement acquitté par le remboursement d'une somme équivalente. Par conséquent, si le prêteur reçoit quelque chose au-delà du principal, il sera tenu de ler estituer, » etc. [1]

En 1808, Pie VII renvoyait à cette Encyclique de Benoit XIV, et en 1818 encore, l'assemblée générale des prêtres de Saint-Sulpice déclarait qu'elle s'en tiendrait invariablement à la même doctrine. Ce n'est que le 18 août 1830 qu'intervint un décret de la sacrée Pénitencerie qui dit : « On ne doit point inquiéter les pénitents qui ont prêté des capitaux et perçu des intérêts sur simple prêt ; ni ceux qui croient que la loi civile est un titre extrinsèque favorable au prêt. » Cependant cette décision ne passa pas sans soulever de vives protestations ; et le 8 décembre 1835, l'archevêque d'Alby écrivait encore à l'abbé Blazy : « Mon sentiment sur ces questions est que ni le prêt fait à un commerçant, ni la religion, ni la loi civile ne sauraient légitimer le moindre intérêt ; que les partisans de ces prêts ne peuvent s'appuyer sur les décisions venues depuis quelques années de Rome, lesquelles ne tranchent pas la question. »

Et c'est en présence de tels faits, lorsqu'après une interdiction si formelle et si positive de dix-huit siècles, l'Église, depuis trente ans à peine, tolère l'intérêt du prêt, qu'on

[1] Encyclique *vix pervenit* § 1er et 2.

viendrait remettre tout en question, en voulant abolir le taux légal, ce que la loi religieuse n'adopterait jamais, et ce qui créerait entre elle et la loi civile un antagonisme dont il est impossible de prévoir toutes les conséquences ! En effet, en tolérant l'intérêt en fait, le Saint-Siége s'est réservé de « prononcer en d'autres temps opportuns » sur la question de droit. Or, en ne mettant plus aucune limite légale à l'usure, on l'obligerait nécessairement à cette décision de principe, et nous avons vu si sa doctrine constante de dix-huit cents ans le laissait libre d'accepter des doctrines qui permettraient, non-seulement l'intérêt, mais l'usure, quelle qu'elle fût.

La question est de la plus haute gravité, et c'est uniquement à cause de son extrême importance que nous nous sommes résolus aux études précédentes, malgré leur aridité. Ces faits d'ailleurs sont aujourd'hui si peu connus, même parmi les érudits, qu'ils ont presque l'attrait de la nouveauté. Mais ils sont surtout une grande leçon des siècles, un solennel avertissement de l'histoire. L'intérêt du prêt est, je ne dis pas permis, mais toléré seulement d'hier par la loi religieuse qui, remontant de l'Évangile à Moïse, embrasse une période de trois mille cinq cents ans ; et c'est au lendemain de cette tolérance encore contestée, qu'on forcerait l'Église et le Saint-Siége à revenir sur leur tolérance de fait, en ouvrant à deux battants les portes à l'usure qui, de tout temps, fut la ruine des empires, et dont Tacite disait : « Dans le temps dont j'écris l'histoire, le préteur Gracchus, *qui connaissait cette sorte de délit*, effrayé du grand nombre de coupables, implore l'autorité du Sénat. Les pères conscrits, tremblants pour eux-mêmes, car *ils étaient tous en contravention*, demandèrent grâce à l'Empereur qui donna dix-huit mois de surséance afin que chacun pût arranger ses biens conformément aux dispositions de la loi. »

Pour l'honneur de notre temps, qu'on nous permette d'espérer que les Gracchus sont rares et que les pères conscrits ne craindraient pas pour eux-mêmes les effets immédiats d'une loi encore plus sévère contre l'usure.

III

JURISPRUDENCE DES DIVERS PEUPLES SUR L'USURE, DEPUIS LES ROMAINS JUSQU'A NAPOLÉON Iᵉʳ

Mais laissons de côté le domaine religieux, l'opinion des théologiens et des saints, et revenons, ce qui est moins difficile à imiter que leurs maximes, à la jurisprudence de Rome. C'est la pente la plus douce par laquelle nous puissions espérer arriver insensiblement aux époques contemporaines. Nous suivrons ainsi à travers l'histoire de la jurisprudence des peuples les plus instruits de l'antiquité, les diverses phases qu'ont parcouru les lois sur l'usure. Je ne parle pas de l'origine de l'usure, c'est peut-être une de celles dont on peut dire avec le plus de raison, qu'elle se perd dans la nuit des temps. On a tant écrit et publié, tant discuté sur ce sujet, qu'il serait impossible même au plus érudit de citer seulement une partie des ouvrages qui en traitent. Je suis donc forcé de faire un choix. Ce n'est pas l'histoire de l'usure que j'ai la prétention d'écrire, je désire seulement attirer l'attention de Votre Excellence sur

l'inopportunité d'un changement de législation en cette
matière.

Avant d'arriver à la législation romaine, il est impossible de ne pas dire un mot de la Grèce. Je le ferai rapidement, remarquant en passant que la doctrine mosaïque se
retrouve à Locres où les magistrats défendirent, par une
loi expresse, de prélever sous quelque prétexte que ce fut,
un intérêt de l'argent prêté. A Sparte, l'usure n'était ni
connue, ni tolérée, ni défendue ; et si nous vivions comme
les Spartiates, nous pourrions tout aussi facilement nous
passer de pareilles lois. Le luxe étant banni de la République, la vie intérieure n'existant pas, le bien-être étant
inconnu, les beaux-arts et les belles-lettres dédaignés, à
quoi eussent servi des prescriptions sur l'usure ?

Aristote, Platon et Xénophon nous fournissent de justes
appréciations sur les mœurs et les habitudes des peuples de
l'antiquité. Il faut lire Aristote, cet économiste qui a donné,
à lui seul, de si nombreux et de si bons enseignements sur
la monnaie, sur la circulation et les fonctions de l'argent,
pour être convaincu du mal que peut produire l'usure dans
l'État. Nous avons déjà parlé, du reste, de la doctrine de ce
philosophe à ce sujet.

Entre Aristote et Xénophon, on ne sait auquel donner la
première place en économie politique. Je me sers à dessein
du mot consacré, car cette science est bien vieille, et à
plus de deux mille ans de distance, ces modèles ont été
copiés par certains de nos écrivains modernes qui ne se
sont pas fait faute de s'emparer de leurs sages doctrines
pour nous les rendre en menue monnaie. Ni Adam Smith,
ni Riccardo, ni de Sismondi, n'ont pu rien énoncer de
plus lucide, de plus clair, que ce qu'ont dit les deux anciens

philosophes grecs. « L'argent, écrit Xénophon, ne ressemble point aux autres produits de la terre[1]. » C'est, on l'a vu, la théorie d'Aristote ; et Xénophon fait la démonstration la plus nette, la plus savante des fonctions de l'argent. Quoi qu'on en dise, notre temps a beaucoup de ressemblance avec celui dont parlent les deux Grecs. L'égoïsme était la passion dominante ; le patriotisme se trouvait beaucoup plus sur les lèvres que dans les cœurs ; et les ambitieux étaient comme aujourd'hui en éveil et toujours prêts à profiter de la moindre circonstance pour tomber sur leur proie, absorber les plus grands profits et se saisir même du gouvernement. Il y avait alors aussi, comme aujourd'hui, des hommes distingués qui proclamaient toutes les libertés pour arriver au despotisme ; il en était d'autres qui, poursuivant leur système avec une implacable logique, auraient volontiers introduit dans la splendide Athènes, les lois farouches des Spartiates, ce ramassis de barbares[2], méprisant tout, hors la force brutale et les instincts matériels.

À Rome, Tacite remarque dans ses *Annales*[3], que les premières lois punissaient sévèrement les usuriers. On peut voir, dit-il, dans les Douze-Tables que si le Sénat ne put abolir entièrement l'usure, il parvint à l'arrêter ; elle le fut encore plus dans la suite par le soin des tribuns ; enfin, comme on constata qu'elle causait de grands maux parmi le peuple, à la honte et à la confusion des riches, on la défendit d'une manière absolue, sous le tribun Genuce.

Caton nous apprend aussi que les anciens romains punis-

---

[1] *Les moyens d'augmenter les produits de l'Attique*, ch. X.

[2] P.-J. PROUDHON, *La paix et la guerre*, V. le chapitre concernant Sparte et ses lois.

[3] L. 6.

saient plus sévèrement les usuriers que les voleurs, et il en conclut qu'un usurier est un citoyen plus pernicieux à la République qu'un voleur [1].

Jules César proscrivit l'usure, qu'il place au rang des plus grandes calamités qui puissent affliger un empire, et régla que, pour le passé, on imputerait sur le principal les intérêts usuraires qui avaient été payés depuis l'origine de la dette [2].

Caton chassa les usuriers de la Sardaigne. Auguste fit ce qu'il y avait de mieux pour extirper l'usure ; il assigna un fond de réserve pour être prêté sans intérêts à ceux qui seraient obligés d'emprunter. Il exigea pourtant une caution du double, et la ponctualité la plus rigoureuse dans le remboursement à l'échéance. Sans doute, nos grands économistes vont s'écrier : « Voilà le vrai remède, imitez Auguste, fondez des nouveaux établissements de crédit, prêtez au peuple à un intérêt modéré, vous extirperez ainsi l'usure, vous la détruirez si radicalement qu'elle disparaîtra du monde. »

Je me permettrai à cet égard de faire une très-humble observation. D'aucuns croient que si l'on créait des institutions de crédit dans un désert, on le transformerait en un Eldorado. C'est tout simplement une erreur résultant d'études et d'observations très-superficielles. Il faut bien l'avouer, en général on parle crédit, finance, banque et économie politique, sans avoir fait aucune étude préalable. Ce sont les sciences à la mode, et par conséquent on s'imagine volontiers pouvoir parler et écrire sur ces matières comme sur tout sujet futile qui occupe l'opinion. Un regard distrait jeté sur quelques pages de Bastiat, de J.-B. Say, de

[1] L. de Repub. in premio.
[2] L. III de Bell. civ.

Michel Chevalier ; cela fait, on s'intitule docteur ès-sciences économiques.

Revenons à Auguste et à Rome. Auguste forma donc un fonds de réserve pour prêter à tout le monde ; mais pour le créer il avait conquis Alexandrie, et fit fondre tout l'or qu'on trouva dans cette ville, afin de multiplier les espèces dans l'Empire. Le moyen, comme on le voit, était simple ; il n'avait coûté qu'une conquête. A notre époque, nous avons peut-être des moyens plus ingénieux, mais certainement moins expéditifs.

Tibère proscrivit l'usure comme Jules César.

Le premier empereur chrétien, Constantin, désirait vivement faire passer dans la loi civile la théorie de l'Eglise interdisant tout intérêt du prêt ; mais il lui parut impossible de le faire encore, et il se borna à promulguer sa Constitution impériale, fixant l'intérêt au *centesime*, c'est-à-dire à la centième partie du principal par chaque mois, ou 12 0/0 par an : car on réglait alors les intérêts par mois.

Saint Ambroise et saint Augustin attaquèrent violemment cette Constitution, en demandant l'interdiction de tout intérêt, et soutenant que ceux qui l'avaient prélevé étaient obligés à restitution.

Théodose et Arcade ne firent guère que confirmer et appliquer la Constitution de Constantin. Mais au vi^e siècle Justinien la révoqua, et appliquant dans toute sa rigueur la doctrine de l'Eglise, il défendit, par sa Novelle *De nautico fœnore*, d'exiger aucun intérêt des sommes prêtées. Il ne le permit que pour le commerce maritime[1], et encore à con-

[1] C'est ce qu'on désigne sous le nom de contrat à la *grosse*, sur lequel il est permis de prendre un intérêt en proportion des risques du voyage. Seulement aujourd'hui on fait encore assurer ce risque.

dition que le prêteur courrait risque du principal, et perdrait tout si la marchandise venait à périr.

Pour maintenir en Orient l'exécution de cette Novelle de Justinien, et abolir entièrement l'intérêt du prêt, l'empereur Basile donna au IXe siècle une constitution fondée sur le même principe. Mais les usuriers, tout puissants à Constantinople, s'unirent pour arrêter le commerce et affamer le peuple, si bien que Léon-le-Sage, fils et successeur de Basile, fut obligé de permettre un intérêt qu'il fixa à la centième partie du principal, non plus par mois, mais par trois mois, c'est-à-dire 4 0/0 par an. Encore ne donna-t-il cette Constitution que comme une simple tolérance, car il y dit que l'intérêt du prêt a été justement condamné par l'empereur son père, parce que la loi divine le défend et le condamne.

II

Si de la législation romaine nous passons à celle de la France, nous voyons la doctrine de l'Eglise appliquée à la loi civile durant treize siècles consécutifs, comme elle l'avait déjà été dans l'empire romain, sous Justinien et Basile.

Une ancienne loi des rois de première race décrète que tout ce qu'on exige de son débiteur en plus de ce qu'on ne lui a prêté, est une usure interdite. La même définition de l'usure est donnée par le capitulaire de Nimègue, que Charlemagne promulgua en 806. Dans un autre capitulaire fait à l'Assemblée d'Aix-la-Chapelle en 789, le même empereur avait défendu absolument à tous, *omnino omnibus*, de prélever un intérêt quelconque « comme prohibé par le concile de Nicée, les décrets de saint Léon, les canons apostoliques et la loi de Dieu. »

Louis-le-Débonnaire renouvelle la même défense pour les laïques comme pour les clercs. D'autres lois décident que le créancier qui a reçu un gage pour une somme avancée et le retient en paiement, est obligé de restituer à son débiteur ce que ce gage vaut au-dessus du capital prêté.

Cependant l'usure continuait d'autant plus à sévir qu'aucun intérêt légal n'étant permis, on ne hasardait son argent qu'à des taux usuraires. Les usuriers étaient en vain poursuivis par les théologiens, à la tête desquels se distinguait le cardinal Hugues, qui les appelle « des enchanteurs », parce que, dit-il, sans battre monnaie, ils changent un *sol tournois* en un *sol parisis*, c'est-à-dire se font rendre un quart en sus de ce qu'ils ont prêté. Ce fut alors que saint Louis publia en 1241 son ordonnance de Melun, renouvelée en 1254. Il y défend aux barons et sénéchaux de permettre dans ses Etats aucun intérêt du prêt, leur déclarant que l'usure consiste en tout ce que le créancier exige au-delà de la restitution du principal.

Par son ordonnance de Montargis en 1311, Philippe-le-Bel interdit à tous et à chacun, dans toute l'étendue de son royaume, toute espèce d'intérêt du prêt, « parce que, dit-il, l'intérêt a été défendu par la loi de Dieu, par les saints Pères et les rois mes prédécesseurs. » Cependant on voit percer dans le texte, d'ailleurs assez obscur, de cette loi, la doctrine des théologiens autorisant « un intérêt légitime » au titre de profit cessant, dommage naissant, ou péril du sort. Une autre ordonnance du même prince, rendue à Poissy, le 8 décembre 1312, renouvelle les défenses précédentes, frappe les délinquants de peines corporelles, et les oblige à restitution.

En 1349, Philippe de Valois confirme l'édit de Philippe-le-Bel, son oncle. Mais il est à remarquer que, tout en prohibant l'intérêt du prêt, il permet aux marchands fréquentant les foires de Brie et de Champagne, de faire payer le change, même au taux de 15 0/0 par an. Louis XI permit aussi le change au sujet des foires de Lyon.

En 1510, Louis XII ordonne, dans l'article 64 d'un de ses Édits, à tous ses officiers de justice, de faire une exacte perquisition de ceux qui tirent un intérêt du prêt, et de les punir rigoureusement.

Dans l'article 65, il défend aux notaires, sous peine de privation de leur charge et d'amende, de passer aucun contrat stipulant intérêts ; et dans l'article suivant, il veut que les dénonciateurs des coupables aient la troisième partie des amendes auxquelles on les condamnera.

Les lois ont toujours le cachet des hommes ou des assemblées qui les firent. Les princes d'un caractère décidé, les assemblées éclairées, font des lois portant l'empreinte de leur caractère et de leurs mœurs. François Ier, par exemple, comme tous les princes habitués à la vie active des camps ou des affaires, tranche rapidement les questions, avec un laconisme qui n'est pas sans mérite. « Toute personne atteinte et convaincue d'usure sera bannie à perpétuité du royaume, » dit-il dans une ordonnance. N'oublions pas qu'on appelait alors *usure* tout intérêt du prêt. En regard de cette brièveté militaire nous mettons la pusillanimité monacale de Charles IX, qui, toujours préoccupé du démon et de l'enfer, pétri de préjugés et de faiblesses, laisse percer son ineptie maladive à travers les édits faits sous son règne. On dirait tout ce qui vient de lui empreint d'une crainte puérile du purgatoire ; ses ordonnances, sous une forme doucereuse et pateline, semblent respirer un arrière-goût de bûcher et d'*auto-da-fé*. Tous les péchés et délits sont des maléfices émanant du démon. L'usure est naturellement un des plus vilains tours que le roi des enfers met en jeu pour damner les humains. « Les usuriers, dit l'Ordonnance de 1567, sont gens poussés du malin esprit, sans aucune crainte de Dieu, qui s'enrichissent par des lois réprouvées du droit divin et humain. » Notez que ces damnables usuriers étaient tous ceux qui prélevaient, pour le prêt un intérêt, quel qu'il fût.

Henri III, dans l'article 202 de son ordonnance de Blois, prévoit tous les faux-fuyants et dit : « Défendons à toutes personnes, de quelque état, qualité ou condition qu'elles soient, marchands ou autres, et tant hommes que femmes, par eux ou par gens attirés et interposés, de prêter deniers ou marchandises à profit ou intérêt, encore que ce fût sous prétexte de commerce public, soit sur gages ou par déguisement d'obligation et contrats, ni autrement... directement ou indirectement, en quelque sorte ou manière que ce soit : et ce sous peine, pour la première fois, d'amende honorable, bannissement, condamnation à de grosses amendes, et pour la seconde fois, de confiscation de corps et biens. »

Henri IV proscrivit également tout intérêt du prêt par sa Déclaration du 14 mars 1606. Louis XIV fit de même, dans son Edit de commerce donné à Saint-Germain-en-Laye en 1673, où il déjoue les fraudes dont on se servait alors pour éluder cette interdiction, et qui consistaient surtout à joindre dans l'obligation, l'intérêt au principal, de sorte que le tout passait pour le capital exigible.

Colbert voulant établir une banque à Paris, consulta la faculté de théologie. « On y examina, en présence d'un député du ministre, dit l'extrait des Conférences, si l'intérêt du prêt sur simple billet, dans le cours ordinaire du commerce, peut être permis, ou si c'est une usure? *Tous, sans excepter un seul*, répondirent que le prêt sur simple billet, même en faveur du commerce, était usuraire ; que le roi ne pouvait le permettre, et que s'il l'autorisait par une Déclaration, les pasteurs et les prédicateurs seraient obligés de prêcher contre, et les confesseurs de défendre à leurs pénitents de s'y conformer, d'autant que l'intérêt provenant du pur prêt est contre la loi naturelle et défendu par la loi divine, auxquelles le roi ne peut déroger, sous quelque prétexte que ce soit. » Colbert se crut donc obligé d'abandonner son projet de banque. Tous les arrêts du parlement maintinrent la même doctrine ; et l'intérêt du prêt ne fut autorisé que par la loi du 2 octobre 1789.

Ainsi, pendant treize siècles consécutifs, la législation de la France n'a pas même permis l'intérêt du prêt, à quelque taux que ce fût : il a fallu, pour l'introduire, une révolution sans exemple, qui a changé la face du monde. Et lorsque cette conquête, à peine assurée, date d'un demi-siècle, on irait en compromettre toutes les conséquences fécondes et bienfaisantes, en abolissant avec le taux légal de l'intérêt, toutes les barrières qui s'opposent à l'invasion de ce terrible fléau de l'usure que flétrissait, avec tant d'énergie, Caton et Tacite, et qui souleva dans le moyen-âge tant de colères populaires, que Dante place aux enfers, dans le même sépulcre de feu, l'habitant de Sodome et l'usurier, alors nommé Lombard ou Cahoursin.

Quoi! après avoir puni pendant mille ans comme un crime horrible, tout prélèvement d'intérêt, si minime fût-il, on irait légaliser, comme un bienfait, toute usure quelque exorbitante qu'elle soit! Non, la sagesse n'est point dans ces extrêmes, et le gouvernement des peuples ne saurait s'accommoder de ces subites transitions qui passent comme à plaisir d'une exagération à une exagération contraire, sans tenir aucun compte de doctrines religieuses qui remontent à trois mille ans, de traditions nationales qui embrassent treize siècles de l'histoire en France, et de l'expérience de tous les temps et de tous les peuples qui nous montrent dans l'usure le fléau et la ruine des empires. Non, monsieur le Ministre, ce n'est pas vous qui pourriez jamais méconnaître ces grandes vérités et la voix unanime de tous les sages qui la proclament.

IV

L'USURE SOUS LE CONSULAT ET L'EMPIRE ET PARMI LES ISRAÉLITES

L'Empereur Napoléon, malgré son génie, avait, sur certaines matières, des préjugés. Il était persuadé que l'usure n'était pratiquée que par les Juifs, et de plus il pensait que la loi mosaïque permettait et autorisait l'usure. Mais son grand caractère se refusait à accepter comme une vérité incontestable ce qui n'était peut-être que le résultat de préventions injustes. Il voulut donc savoir à quoi s'en tenir à cet égard. Il convoqua une Assemblée composée de députés élus par chaque congrégation de 2,000 Israélites en France et dans le royaume d'Italie. Cette Assemblée se réunit le 30 mai 1806, et prit le nom de Grand-Sanhédrin[1].

Elle commença par déclarer que l'interprétation faite des versets 19 et 20 du ch. XXIII du Deutéronome était erronée; que le mot hébreu *Necheh* traduit faussement par *usure* avait été mal interprété; que la loi de Moïse n'ayant pas fixé

[1] Voir le *Répertoire universel et raisonné de Jurisprudence.*

de taux légal, on ne pouvait dire que le mot *Necheh* signi-
fiât un intérêt illégal. Et, se rapprochant entièrement de
l'explication donnée par l'Eglise catholique, tous les Pères,
tous les conciles et tous les papes, l'Assemblée résume son
opinion par ces mots :

« La loi divine et ses interprètes ont permis ou défendu
l'intérêt selon les divers usages que l'on fait de l'argent. —
(Remarquez que l'assemblée ne dit pas usure, mais intérêt.)
— Est-ce pour soutenir une famille ? prélever un intérêt est
chose défendue. Est-ce pour entreprendre une spéculation
de commerce qui fait courir un risque au prêteur ? L'intérêt est permis, quand *il est légal* et qu'on peut le regarder
comme un juste dédommagement.

« Prête aux pauvres, dit Moïse, ici le tribut de la reconnaissance, l'idée d'être agréable à Dieu, est le seul
intérêt ! ! ! »

Voilà donc qu'à plusieurs siècles de distance la loi
éternelle est interprétée selon sa divine origine, par les
hommes d'élite de deux religions différentes, c'est-à-dire
avec ce sentiment de justice et d'équité pour tous, de charité et d'humanité pour les infortunés de la terre !

Ce fut à la suite de ces explications et de l'avis du Conseil
d'Etat que parut la loi du 3 septembre 1807. Elle vint mettre
un terme au désordre excessif qui régnait alors au sujet de
l'usure et de l'intérêt que certaines gens voulaient continuer
à confondre.

II

Arrivé au bout de mes trop nombreuses citations, ce dont je demande pardon à Votre Excellence, je crois entendre la voix de ceux qui s'intitulent modestement les défenseurs de la liberté des transactions s'écrier :

« Vos innombrables exemples viennent bien à l'appui de notre raisonnement. Toutes défenses, prohibitions, arrêts, ordonnances, lois, pénalités sont impuissantes à extirper l'usure, donc il est superflu de conserver des restrictions légales, d'ailleurs sans effet. » Qu'on me permette de faire observer d'abord que si les jurisconsultes eussent tous pensé ainsi, sur les délits et crimes qu'on punit depuis l'organisation des hommes en société, je ne sais si mes contradicteurs eux-mêmes seraient en état aujourd'hui de me faire leur admonestation. Combien y a-t-il de siècles que le crime de vol est puni? Manque-t-il de lois répressives? Non, certainement! Et pourtant il y a toujours des voleurs. Dans les temps passés, dit-on, ils se préoccupaient de voler simplement et naïvement, maintenant ils s'étudient à éluder la loi afin de voler impunément.

Les lois préventives, au dire de certaines gens, n'aboutissent à d'autre fin qu'à rendre les criminels plus adroits, mais non à diminuer le nombre des crimes. Il faudrait donc, selon cette maxime, abolir toutes les prescriptions contre le vol, et le vol disparaîtrait.

J'ai une grande vénération pour certaines opinions ; mais

je regrette de ne pouvoir partager un pareil optimisme. Les lois sont bonnes à quelque chose, quand elles sont justes; et quand elles sont appliquées avec équité, elles tendent toujours à moraliser une nation.

Remarquons ensuite que les dispositions législatives dont nous avons fait une si longue émumération, n'ont dû être renouvelées incessamment et sont restées souvent sans effet, précisément parce qu'elles favorisaient l'usure en interdisant un taux légitime et légal de l'intérêt de l'argent.

V

DES DISTINCTIONS SUBTILES

Supposons toutes les lois sur la répression de l'usure abolies ; admettons l'absence complète de toute pénalité et la liberté la plus absolue. Qui peut m'empêcher de demander de mon argent 100 p. 0/0 ou 200 p. 0/0. L'appréciation des risques que je cours m'appartient ; le contrat est librement accepté ; pour moi j'y mets ces conditions et n'en accepte aucune autre. Je suis libre de demander ce taux exorbitant. Si l'usure, qu'on essaie encore de confondre avec le taux légal de l'intérêt, est une chose légitime, il n'y a personne qui ait le droit de me dire : de 5 à 10 c'est permis, de 10 à 100 c'est défendu ! De 5 à 10, c'est une bonne œuvre, de 10 à 100 c'est un crime ! Où finit l'usure ? Où commence la fraude ? Où est la limite qui distingue et sépare l'une de l'autre ? Peut-il y avoir fraude, tromperie, dans un contrat consenti amiablement par les deux parties, et *quand la législation n'y met aucun obstacle ?*

La fraude existe lorsque la loi, gardienne vigilante des

intérêts de tous, vient mettre une borne à l'exigence illimitée de l'un s'imposant aux nécessités de l'autre. Mais, si la législation est muette, si elle fait plus, si elle proclame l'abolition des pénalités, et permet une chose jusqu'alors défendue, ce qui était criminel devient légal.

Voudrait-on me dire, par exemple, que 50 0/0 sera un intérêt admissible ; 70, 80 ou 100 0/0 un intérêt frauduleux ? Dans ce cas, on retombe dans la confusion. Il ne s'agit plus que de changer le chiffre et de dire, au lieu de 5 0/0 c'est 50 0/0 qui sera l'intérêt légal, au-dessus commencera la fraude.

Je ne pense pas que telle soit l'idée que préconisent ceux qui demandent la liberté illimitée. Or, s'ils croient qu'il faut que la loi impose une limite au taux de l'argent, pourquoi lorsque la richesse nationale a centuplé depuis un siècle, lorsque la masse du métal circulant a suivi la même progression, serait-il nécessaire de briser une règle suivie pendant des époques difficiles, et qui a pour elle la consécration des temps. On comprend facilement que l'abondance des capitaux ait pour résultat l'abaissement du taux légal de l'intérêt, mais le contraire est évidemment incompréhensible.

Je sais qu'on ne veut pas établir une distinction entre l'intérêt et l'usure, ressuscitant ainsi, sans s'en douter, la vieille doctrine délaissée par l'Église elle-même. Poussez la proposition la plus sage à ses extrêmes limites, et elle aboutit à l'absurde. C'est ainsi qu'on dit : l'usure existe aussi bien à 5 p. 0/0. Mais, en parlant de la sorte, on oublie comment et pourquoi l'intérêt légal est à 5 p. 0/0.

Le hasard n'y est pour rien : l'expérience et la sagesse du législateur sont venues poser une limite à l'oppression du capital, en prenant pour base de son rendement l'*étalon* le plus équitable.

L'argent doit produire intérêt, c'est juste ! Or ce produit est basé sur le revenu de la terre, sur les données fournies par l'expérience, sur les règles puisées dans la nature, et non arbitrairement établies. Lorsque le revenu des meilleures terres n'arrive jamais au-dessus de 4 à 4 1/2 p. 0/0 ; que le produit de la généralité ne dépasse pas 3 0/0 ; dans ce cas il est certain que l'argent, produisant 5 et 6, offre à son possesseur un avantage incontestable, immense, sur toute autre propriété. Un propriétaire trouvera-t-il à affermer sa terre, s'il exige de son fermier un rendement de 5 p. 0/0 ?

La terre demande à être travaillée, ensemencée, labourée ; la culture, les moissons exigent des soins et des dépenses ; les frais de main-d'œuvre sont autant de capitaux qu'elle absorbe, autant d'argent représenté par le travail de l'homme. Les intempéries des saisons, autant de risques de perte encourus par le fermier. Et pour tous ces travaux, ces peines, ces risques, la terre rend 4 p. 0/0, le plus souvent 3, et 4 1/2 seulement dans quelques parties favorisées de l'Europe, sans parler des impôts. Le propriétaire de maisons supporte aussi, il est vrai, le poids de ces impôts : il a des frais de réparations, d'entretien ; cependant il est mieux partagé que le possesseur de terres : ses chances sont moindres, un peu plus un peu moins de soleil ou d'humidité ne compromettent pas son revenu. On considère cependant comme un magnifique placement un emploi à 5 p. 0/0 sur immeubles [1].

---

[1] Je ne parle pas de ce qui se passe actuellement à Paris. Le rapport actuel des immeubles est un fait anormal qui, selon les règles de l'économie, ne peut durer longtemps.

En regard de ces deux positions, mettons celle du prêteur. Quelles sont ses cultures? A-t-il des semailles à faire? Laboure-t-il son champ? perd-il beaucoup de temps à rentrer ses récoltes? Consacre-t-il ses journées à soigner ses bestiaux, à veiller sur ses propriétés? A-t-il à redouter le trop de sécheresse ou le trop de pluie? Pas le moins du monde. Un trait de plume lui assure 5 ou 6 0/0. A l'échéance un autre trait de plume le fait rentrer dans ses fonds et ses profits. Il ouvre son portefeuille, classe ses billets par échéance, et l'activité de la circulation multiplie son capital. Ah! dira-t-on, et le danger des faillites, et ceux de la fraude, et tant d'autres? Ces périls et ces risques, sait-on qui les court plus particulièrement? C'est le négociant honnête, le manufacturier intègre, l'industriel actif et intelligent. Mais pour le prêteur c'est son métier d'éviter le danger, d'assurer son gage et d'éloigner toute chance de perte. Si on le trompe, c'est bien rarement, et le profit du lendemain compense et au-delà la perte de la veille.

Quoi! on se dit grand économiste parce qu'on s'élève contre ce qu'on appelle un « préjugé, fils de l'ignorance! » Nous en convenons humblement nous sommes ignorant à l'extrême, mais ces gens si instruits en toute chose, qui vantent la liberté absolue de l'argent, sont-ils au moins conséquents avec leur principe, et demandent-ils pour tous les hommes le droit de faire payer leur capital à un taux usuraire?

Les marins qui exposent leur pénible existence pour gagner au bout de l'an à peine de quoi soutenir leur malheureuse famille, sont-ils libres d'exiger de l'armateur 500 fr. par mois pour aller en Chine, au Japon, aux Indes, pour affronter cent fois la mort, les épidémies, les naufrages et subir toute espèce de privations?

Les boulangers sont-ils libres de dire : nous ne pétrirons du pain que si vous nous donnez 10 fr. par nuit ? Sont-ils libres de vendre au-dessus de la taxe ? Et dans tous les métiers, comme ceux des mineurs, des puisautiers, les plus dangereux, les plus nuisibles à la santé, est-il libre, l'homme qui, courbé sous le besoin, pressé par la nécessité, ne peut demander ce qu'il veut pour prêter son capital représenté par ses bras, par sa vie ?

Non ! car il faut à tout prix qu'il vive, et quand la mort se promène sur nos lèvres, peu d'hommes ont le courage de mourir.

Non ! parce que la journée de l'ouvrier est calculée d'abord sur son habileté, ensuite sur l'appréciation du prix des choses nécessaires à la vie physique.

Non ! encore, parce que si le boulanger ne voulait pas travailler, il y aurait dans le Code certaines pénalités à propos de grèves ou de coalitions, pour l'y contraindre. Si les marins ne voulaient pas partir, le gouvernement trouverait aussi un autre moyen contre les *indisciplinés*.

Mais qui a fait ces lois ? qui a imposé cette discipline ? Ce sont les législateurs, les gouvernements. Et qui leur a donné le droit de limiter l'intérêt du capital à l'ouvrier, quand il n'en a d'autre que ses bras, sa force, son courage ? Qui a dit au maître : en donnant trois francs par jour à l'ouvrier il sera suffisamment payé ? Parce que trois francs représentent tant en pain, tant en bois, tant en viande, et que ce salaire est basé sur le prix des aliments nécessaires à l'existence.

Eh quoi ! ce que les lois ont cru juste de faire contre l'exigence de l'ouvrier, elles ne pourraient le faire contre les exigences du capital ? Mais où seraient donc l'égalité, la justice ?

Quand on dit, au nom de la liberté, l'ouvrier ne doit gagner que 3, 4, ou 5 fr. par jour, parce qu'avec cette somme il peut vivre, et qu'on ajoute tout aussitôt l'argent peut rendre 30, 40, ou 100 0/0, parce que ce serait agir contre la liberté des transactions que de fixer un taux légal, croit-on alors défendre la liberté ? Non, mais on commet une révoltante iniquité, on crée un monopole pour le riche, une oppression pour le pauvre. Les législateurs, les philosophes, on le voit, avaient bien raison d'imposer une limite à l'intérêt de l'argent. Ils étaient dans la justice et la vérité, dans la raison et le bon sens ; et l'expérience des siècles le prouve plus haut encore que toutes les théories.

Ils savaient qu'en débattant une pareille question, de proposition en proposition, de déduction en déduction, on arriverait aux limites des questions sociales, soulevant jusqu'aux titres fondamentaux de la propriété. Ils savaient qu'il n'y a pas plus de raison de dire : cent onces d'or pourront être prêtées pour cent autres onces, sans offenser ni Dieu, ni l'humanité, ni la raison, ni la justice, qu'il n'y en a à dire : l'infirmier qui affronte l'épidémie pour vous soigner, peut exiger mille onces d'or par jour, en raison des risques et des dangers qu'il court pour sa propre existence.

Ils avaient donc raison ces législateurs, et, même à titre d'ignorant, je préfère leur simple manière de comprendre la liberté, à la prétendue érudition de certains libéraux.

Qu'on me permette de le dire, la liberté selon les économistes, qui traitent les autres de *moralistes*, avec des allures de grand-prêtre de la science, la liberté c'est le moyen d'opprimer le faible, de nuire aux masses, de protéger le

puissant et de l'affranchir de toute contrainte. *Cette liberté
là, tous les hommes de cœur la repoussent.*

Ils demandent une liberté vraie, qui n'entraîne l'oppression de personne, qui s'accorde avec les leçons de l'expérience et du bon sens, comme avec les plus nobles senti-
ments de justice et d'humanité. Pour montrer que je suis
libre de tout préjugé, je ne dirai jamais qu'une iniquité
est une œuvre utile au progrès, et pour gagner mes éperons
d'économiste, je ne me constituerai pas le chevalier d'une
cause injuste, en faisant litière de ma raison pour approuver
ce que condamnent la conscience et le bon sens.

Qu'on proclame la libre concurrence ; qu'on proclame la
liberté de conscience, l'abolition des droits de douane, la
liberté de profession, comme celle d'agent de change, de
notaire, de courtier. Mais qu'on n'autorise pas l'usure
comme un juste dédommagement des risques encourus par
le prêteur ; qu'on ne dise pas *usure* et *intérêt* sont syno-
nymes. Qu'on se souvienne qu'en toute chose l'excès est un
défaut ; et disons avec Montesquieu que :

« Pour que le commerce puisse se bien faire, il faut que
l'argent ait un prix, mais que ce prix soit peu considérable. S'il est trop haut, le négociant qui voit qu'il lui en
coûterait plus en intérêts qu'il ne pourrait gagner dans son
commerce, n'entreprend rien : si l'argent n'a point de
prix, personne n'en prête, et le négociant n'entreprend rien
non plus [1]. »

Voilà la juste raison, la vraie mesure des choses ! Hors de
là, il n'y a plus qu'exagération ; et ces excès de prétendue
liberté, dont tant de gens paraissent si enthousiastes, con-

---

[1] *Esprit des lois.* ch. XIX. liv. 22°. Des prêts à intérêt.

duisent, en économie sociale comme en politique, tout droit au despotisme, à la tyrannie, à la barbarie. Il faut donc repousser l'excès de liberté supposée, pour ne pas tomber dans l'excès d'oppression certaine, et répudier une injustice qui se cache sous le voile de la liberté, tout autant qu'une liberté qui s'abrite sous le masque du despotisme !

VI

MOYEN D'ÉVITER L'USURE, LES CRISES

Si je me bornais à faire le procès à un mal que tout le monde déplore, j'aurais manqué mon but, j'aurais mérité la sortie de Mortimer contre l'historien Hume et le docteur Price, qu'il appelle des schismatiques en finances.

« Encore, ajoute-t-il, s'ils avaient indiqué quelque meil-
« leur moyen, on pourrait les écouter et renoncer à notre
« système ; mais toujours saper les fondements d'un édi-
« fice nécessaire, sans poser, sans même présenter le plan
« de celui qu'on prétend lui substituer, c'est travailler au
« bonheur du genre humain à coup de coignée[1]. »

Pour moi, au contraire, je viens défendre, contre ceux qui en sapent les fondements, l'édifice social élevé par le génie de Napoléon 1er, je viens opposer la sagesse et l'expérience de tous les siècles et de tous les peuples à ceux qui veulent renverser la loi tutélaire du 3 septembre 1807.

---

[1] Hume et Price avaient attaqué le système financier de l'Angleterre.

Il me resterait à montrer par quels moyens divers, on pourait prévenir, arrêter et neutraliser l'usure, surtout dans son action la plus subversive et la plus impopulaire, comme par exemple, dans les monts-de-piété, dont les scandaleux abus frappent les plus pauvres. Mais le cadre restreint d'une lettre m'interdit ces longs développements qui exigeraient tout un livre ; et je me borne à indiquer ici comment, selon moi, on pourrait éviter les crises financières et industrielles, qui ouvrent à deux battants les portes à l'usure.

D'aucuns signalent toujours, comme le meilleur moyen d'extirper l'usure, la multiplicité des institutions de crédit, banques, comptoirs d'escompte. Ils ont raison sans doute et il y a d'innombrables observations à présenter sur ces matières délicates. Mais en principe, il est difficile, sous ce rapport, de faire plus que n'a fait le Gouvernement. Depuis l'Empire, on a vu naître, grandir et prospérer de nombreux établissements de crédit, on en a vu aussi végéter et mourir. Dira-t-on que ces établissements remplissent le programme à la faveur duquel ils ont obtenu leur privilége et l'appui du public? L'opinion s'est chargée depuis longtemps de répondre!

Le Comptoir d'escompte est, après la Banque de France, le premier des établissements de crédit. Il a été fondé pour aider le commerce et l'industrie. Il rendit, lors de ses débuts, et c'est une justice qui lui est due, d'éminents services. Mais ne peut-on pas se demander si, dans les crises, le Comptoir est en mesure d'alléger la position générale du commerce ? A cette question on peut hardiment répondre : Non!

En effet, le Comptoir d'escompte se borne à escompter du papier de commerce, et à faire des avances sur dépôts

de valeurs industrielles. Il exige, en plus de la garantie
déposée, un engagement payable à 90 jours. Il apporte son
aval à cet engagement, et le rend apte à être escompté à la
Banque de France, dans les formes voulues.

Ainsi, quand il y a pression d'argent à la Banque, le
Comptoir d'Escompte, loin de lui apporter un concours,
vient, au contraire, régulièrement *pomper* son encaisse, et
aggraver la situation. Le Comptoir est donc un intermédiaire
entre la Banque et le petit commerce, et non un établissement pouvant vivre de ses propres fonds, et sans l'aide de
de la Banque.

Ce que fait le Comptoir d'Escompte, les maisons de
banque le font également. Mieux renseignées que la majorité
du commerce, elles suivent avec attention les fluctuations
de l'encaisse, et, à mesure qu'il baisse, les bordereaux d'escompte, les remboursements de billets à vue augmentent.

Ce qui se fait à Paris se répète en province, de manière
que c'est précisément au moment où la Banque éprouve la
nécessité de ménager son encaisse, qu'elle est contrainte de
le diminuer journellement. La position est difficile. En
face de ce problème se renouvelant si souvent, la Banque
n'a trouvé qu'une seule solution. Elle applique sa panacée
ordinaire. Elle élève le taux de l'escompte, le pousse jusqu'à
un chiffre exorbitant, et attend de ce remède le retour du
numéraire dans ses caisses. L'élévation du taux de l'argent
est pour la Banque comme le miroir aux alouettes. Mais, au
milieu de ces variations incessantes, de ces soubresauts fié-
vreux, de cette progression de l'intérêt, que devient le commerce, l'industrie, la fabrication? Ou ils se retirent meur-
tris de la lutte, ou ils se traînent souffreteux, sans espoir
d'arriver, ou ils succombent avec fracas, entraînant après

eux mille ruines, car ils voient tout à coup le crédit se res-
serrer, l'escompte devenir difficile, et même impossible.
L'argent s'élève à un taux qui rend la fabrication onéreuse.
Dans de pareilles circonstances, la Banque ressemble à un
navire construit en vue du beau temps, de la mer calme et
du vent favorable, et qui, au moindre orage, serait forcé
d'arrêter sa marche, de plier ses voiles, et de se réfugier
dans le port.

Singulière situation! Et pourquoi d'aussi énormes priviléges, pour atteindre de semblables résultats? La Banque
a des priviléges exceptionnels, mais pour rendre des services exceptionnels. *Pouvoir oblige.* Elle est obligée, elle,
de résister aux tempêtes, de soutenir le crédit chancelant, de
calmer les paniques, de tranquilliser les esprits et de mar-
cher calme et confiante dans sa force au milieu des orages.

Son concours est-il bien indispensable dans les temps pros-
pères, quand l'argent abonde, et que l'intérêt se cote à 1, 3
et même 2 0/0 : cela s'est vu? Mais alors la Banque devient
une simple caissière, un escompteur ordinaire, qui même,
pour ne pas chômer, provoque les affaires. Si donc ce grand
établissement national n'est pas institué, comme une ancre
de salut, ayant pour mission d'atténuer les crises (il ne peut
les empêcher); si loin d'augmenter la confiance, il en-
tonne le sauve-qui-peut, en élevant brusquement et coup
sur coup le taux de son escompte et en le poussant à 9 et
11 0/0, ce qu'il a déjà fait (et ce qu'il aurait fait de nouveau, en octobre dernier, si, dit-on, une auguste influence
n'avait empêché ce malheur); si la Banque accélère et pré-
cipite la panique au lieu de l'assoupir, on a le droit de douter de sa mission et de se demander pourquoi de si grands
priviléges pour atteindre de si minces résultats.

Encore à cet égard, on voudra citer l'exemple de l'Angleterre. Mais cet exemple serait singulièrement choisi. La Banque d'Angleterre rend bien d'autres services au Gouvernement que ceux qu'on exige, en France, de la Banque. Ensuite les institutions de crédit en Angleterre sont fort différentes. Tout le monde répugne à se charger d'or et d'argent ! Chacun, même le plus infime marchand, a son banquier. Le bank-note ne sert de moyen de paiement qu'entre gens qui ne se connaissent pas. Toutes les transactions se paient en chèques, tous les fournisseurs se soldent de même, et le chèque arrive comme aide de circulation, aide puissante, facile, régulière, admirable.

Le chèque, moyen si régulier de paiement, possède aussi l'avantage d'être économique. Avec le chèque, les maisons de commerce n'ont nul besoin de caissier : il est admirable encore parce qu'il économise le temps, l'argent, le transport, le déplacement du numéraire, et qu'il présente enfin l'immense avantage de devenir un moyen de circulation d'une régularité rare, tout en étant un objet de produit pour l'État, car chaque chèque est timbré.

Votre Excellence connaît mieux que moi cette autre institution du *Clearing*, si simple, si naturelle, qu'on pourrait appeler l'échange de signatures, épargnant aux banquiers les longueurs des encaissements et tous les inconvénients qui en dérivent.

Il faudrait donc, en citant l'Angleterre, lui emprunter tout son système financier. Hors de là, certains emprunts mal appliqués, multiplient les obstacles au lieu de les atténuer ; bien loin d'être une aide, ils deviennent un embarras.

J'ai suivi avec attention la discussion soulevée à l'occasion de la dernière augmentation du taux de l'escompte, et les divers moyens proposés, moyens toujours les mêmes :

1° Cours forcé des billets ! principe vicieux, dangereux, sur lequel le gouvernement s'est prononcé d'une manière si claire, si nette et si heureuse.

2° Faire des petites coupures de billets de Banque de 50 francs ! moyen superflu, inutile, dangereux même, en cas de crise.

3° *Donner* au commerce des billets de 100, 200 francs, sans dire contre quoi, et en mettant à néant les statuts de la Banque et les sages limites imposées à l'émission. Et tant d'autres expédients qui se perdent dans l'obscurité des théories plus ou moins connues, dont l'expérience a déjà fait justice dans l'ancien, comme dans le nouveau monde.

La théorie du crédit est un peu comme la vie, on en jouit sans pouvoir clairement la définir ! Qu'est-ce que la vie ? un souffle ! Qu'est-ce que le crédit ? une idée ! — Il faut un rien, un manque infinitésimal d'équilibre pour détruire les sources de l'existence humaine : il faut un rien, moins qu'un rien, pour détruire les sources du crédit.

Et ici, il est superflu de dire qu'il serait nécessaire de familiariser la nation avec les théories du crédit, si généralement répandues en Angleterre, si négligées en France. En comparant pourtant les ressources des deux pays, les richesses naturelles de la France sont bien plus considérables que celles de la Grande-Bretagne. Pourquoi donc celle-ci, avec des richesses fictives, est-elle financièrement supérieure à la France possédant tant de richesses réelles ?

La France possède au moins quatre fois autant d'or et d'argent que la Grande-Bretagne, qui pourtant couvre presque le monde de son or, quand le taux de l'argent est si élevé en France. C'est le plus grand édifice que le génie de l'homme ait jamais élevé. Tout est crédit et papier.

« On a parlé avec pompe, disait un auteur anglais [1], du « temple de Salomon, c'est une simple maison, si on le « compare à l'architecture financière des Anglais : elle est « suspendue dans les airs, comme le plus aérien des édi- « fices qui ait jamais flotté au gré des vents et des orages. »

Mais le but de l'économie doit être de donner à cet édifice aérien, devenu depuis si solide, les bases les plus réelles, les plus inébranlables possibles. C'est un acte patriotique, car travailler à fonder le crédit public c'est travailler à une œuvre nationale.

Avec le crédit on équipe des armées, des flottes, plus rapidement que les métaux précieux ne reçoivent l'empreinte qui les met en circulation. Avec le crédit tout est richesse dans l'état, depuis les métaux précieux jusqu'à l'engrais. Il faut donc vivifier ces richesses, sans exagération. Il faut établir ce crédit public qui, dans ses rapports avec le sys- tème des finances et l'administration des revenus de l'État, arrive à cette confiance mutuelle, qui une fois établie, entre le Gouvernement et le peuple, procure au premier, une portion considérable de la propriété privée, pour fournir, dans les *occasions importantes*, aux besoins de l'État, à des conditions stipulées et fidèlement observées par le Gouvernement.

Le meilleur moyen d'élever le niveau de ce crédit est de conserver avec soin les lois naturelles de la pondération. Il est raisonnable, pour maintenir ces lois, de ne jamais

[1] Mortimer.

s'éloigner des règles d'une sage proportion entre l'émission et la garantie [1], qui en est la base fondamentale. En demandant d'augmenter l'émission des billets, il est de toute nécessité d'accroître en même temps le chiffre de l'encaisse de la Banque, on retombe donc toujours dans la même impasse.

Dans les temps ordinaires, ceci est prouvé, l'émission actuelle de la Banque est plus que suffisante. Dans les temps de crise, cette émission est au-dessous des besoins du pays. C'est donc contre l'orage qu'il faut se prémunir, en recherchant le meilleur moyen de faire face aux crises et en même temps de ne pas les aggraver par l'élévation intempestive du loyer de l'argent.

Je crois avoir trouvé ce moyen. Je le soumets en toute humilité à la sagesse et à l'expérience de Votre Excellence.

Si, comme toute chose, ici bas, il n'est point parfait, il est au moins pratique, et comme tel, appliqué avec intelligence, il est susceptible de perfectionnement et surtout capable d'arrêter les résultats désastreux des crises.

La Banque est déjà autorisée par ses statuts à faire des avances sur valeurs. Mais dans les moments difficiles elle diminue autant que possible le chiffre des ses avances, afin de réserver ses forces pour l'escompte, et elle élève le taux de l'intérêt. C'est alors que la panique prend des proportions gigantesques, que le travail éprouve un temps d'arrêt, que le nombre des faillites arrive à un chiffre dont on se rend généralement fort peu compte.

---

[1] Ici je peux appliquer la même loi au taux d'intérêt, il est urgent de le maintenir à un point où il ne rende pas les affaires impossibles.

Pour éviter ces maux, l'élévation disproportionée du taux de l'argent, l'arrêt du travail et les nombreuses faillites ; il y aurait un moyen fort simple. La Banque devrait continuer ses avances sur valeurs, et sans dépasser le taux légal : mais au lieu de payer ces avances en billets de Banque au porteur et à vue, quand son encaisse ne le lui permet plus, elle serait autorisée à délivrer, contre le dépôt des valeurs, et contre un *engagement de remboursement*, de la part des emprunteurs, et seulement pour les deux tiers du montant du dépôt, des *billets de banque à ordre et non au porteur*, remboursables à 60, 90 et 120 jours de date, et non à vue, dans toutes les succursales de la Banque, et *transmissibles par endossements*. Ce billet qui, je le répète, serait spécialement émis contre dépôt de valeurs, offrirait donc les avantages suivants :

1º D'ÊTRE ÉMIS CONTRE UNE VALEUR DÉPOSÉE ET PLUS FORTE D'UN TIERS QUE LES BILLETS CIRCULANTS QUI EN SONT LA REPRÉSENTATION ;

2º D'ÊTRE PLUS SOLIDE ENCORE, SI CELA POUVAIT ÊTRE NÉCESSAIRE, PAR LES ENDOSSEMENTS SUCCESSIFS, QU'Y APPOSERAIENT LES DIVERSES MAINS PAR LESQUELLES PASSERAIENT CES BILLETS DE CIRCULATION ;

3º DE FOURNIR UNE VALEUR DE CRÉDIT, D'UNE SÉCURITÉ ÉGALE ET PEUT-ÊTRE SUPÉRIEURE A CELLE DU BILLET DE BANQUE A VUE ET AU PORTEUR ;

4º DE LAISSER A LA CRISE LE TEMPS DE S'APAISER AVANT QUE LE REMBOURSEMENT SOIT EXIGIBLE, CAR RAREMENT UNE CRISE FINANCIÈRE, EN FRANCE, A PLUS DE DEUX MOIS DE DURÉE ;

5º DE REMPLACER, PAR UNE VALEUR SÉRIEUSE ET RÉELLE, TOUTES CES VALEURS DE CONVENTION, DE COMPLAISANCE, TOUT CE PAPIER FICTIF, DANGEREUX, QU'ON CRÉE SI LARGEMENT DANS LES TEMPS DE CRISE ;

6º ENFIN IL PERMETTRAIT A LA BANQUE DE CONTINUER SES

OPÉRATIONS, DE MAINTENIR SON RANG COMME PREMIER ÉTABLIS-
SEMENT DE CRÉDIT, SANS Y PERDRE, NI PROFIT, NI RÉPUTATION,
MAIS AU CONTRAIRE EN RÉALISANT DES BÉNÉFICES RÉELS, FACILES
A DÉMONTRER PAR DES CHIFFRES.

Ce moyen si naturel, si simple, me semble bien préférable
à celui dernièrement employé par la Banque, qui était peu
digne de sa haute position comme premier établissement
de crédit, qui était de plus, condamnable aux yeux de tous
les hommes sérieux qui doivent croire qu'une valeur créée
est la représentation d'une autre valeur, marchandise, ou
autre, échangée.

Faire des acceptations comme un commerçant aux abois ;
être obligée de recourir à l'appui des banquiers ; se mettre
sous leur égide ; se servir de leur crédit, quelque puissants
qu'ils soient ; et descendre de la haute position que doit
occuper la banque de France, pour employer des moyens
aussi vulgaires, c'est renverser les rôles et devenir protégée
quand elle devrait être protectrice naturelle des intérêts
généraux en souffrance.

Au lieu de créer une valeur fictive, comme on prétend
qu'elle a été contrainte de le faire dans le courant du
dernier trimestre de l'année écoulée, elle émettrait des
valeurs réelles, reposant sur d'autres valeurs déposées
dans ses caisses, et qui seraient vendues à son profit, si à
l'échéance des billets de circulation les emprunteurs ne
remboursaient pas le montant de leur emprunt. Elle
éviterait d'avoir recours à une Banque étrangère, et il faut
le répéter, de demander aide et appui à des banquiers dont
le concours, s'il n'est onéreux, est au moins humiliant pour
la Banque de France.

J'indique plutôt mon système que je ne le développe. Je

sais d'avance les objections qu'on peut y faire, mais la pratique prouverait combien il est avantageux, simple et puissant dans les moments de crise.

Suppsons, en effet, une émission de quatre cent millions de billets de circulation, contre six cent millions de dépôt en valeurs. La proportion offre, dans tous les cas, sécurité complète: la Banque jette quatre cent millions de plus dans la circulation, sans toucher à son encaisse, sans augmenter l'émission du billet de Banque; elle laisse aux particuliers soixante, quatre-vingt-dix et cent vingt jours pour se mettre à même de rembourser le montant des avances contre lesquelles ils ont reçu des billets de circulation. Elle aide le commerce, la fabrication, le travail, facilite les transactions, empêche la création de valeurs fictives, associe à sa prospérité, au maintien de son crédit tous les endosseurs successifs de ses billets de circulation, et enfin maintient la rente et les valeurs industrielles à un taux raisonnable en retirant de la circulation dans le moment où ils peuvent être le plus préjudiciables au crédit public, six cents millions, en rentes, actions ou obligations, etc., qui, autrement viendraient encombrer le marché, précipiter la crise et en augmenter les désastreuses conséquences[1].

Remarquons surtout, avant de terminer, qu'à l'opposé du billet de Banque ordinaire au porteur, reposant seulement sur une portion de sa valeur réelle en argent, (puisque la Banque n'a jamais en numéraire qu'une partie de la représentation de ses billets, suivant ses statuts), le billet de

---

[1] Il est nécessaire de ne pas perdre de vue ce que j'ai dit plus haut, que le Comptoir d'escompte ne peut faire ces opérations, parce qu'il est obligé lui-même de payer les avances sur dépôt, en argent ou en billets de Banque, ce qui diminue toujours l'encaisse de la Banque.

circulation, au contraire, s'appuierait sur une valeur supérieure à celle qu'il représente, et qu'avec les rentes, obligations ou actions déposées dans ses caisses, contre l'avance des 2/3 au cours de la Bourse, la Banque aurait toujours une valeur d'un tiers en plus que le montant de ces billets de circulation.

Le surcroît de circulation aurait encore cet avantage d'être seulement temporaire, et uniquement pendant le temps de crise. Aux diverses échéances ces quatre cent millions rentreraient dans les caisses, et les billets à ordre seraient détruits. Ce serait, pour ainsi dire, une armée de réserve, armée sans laquelle toute grande campagne est périlleuse et même impossible.

Ce surcroît d'émission en dehors de la circulation ordinaire, soumis toujours à l'approbation du Gouvernement, ayant une application spéciale, permettrait de soutenir l'industrie, le commerce en défaillance.

Combien peut-on citer d'excellentes maisons qui, dans les moments de crise, suspendent leurs paiements faute de quelques semaines, que dis-je, de quelques jours devant elles, pour pouvoir aviser. Pressées par les échéances, sans écoulement pour leurs produits, elles se trouvent réduites à arrêter leurs paiements, et à venir augmenter le mal général par leur désastre personnel [1].

[1] Je trouve dans l'exposé de loi, relative à la conversion de la rente 4 1/2, la même pensée. « Placer le 3 % dans des conditions plus favorables, qui lui rendront un libre essor, ce n'est pas seulement améliorer le crédit de l'État, c'est améliorer le crédit public en général, c'est contribuer à la baisse du taux de l'intérêt, c'est donner des facilités nouvelles à l'industrie et aux grandes entreprises pour se procurer les capitaux qui leur sont nécessaires. L'opération n'est donc pas un expédient imaginé pour venir momentanément en aide aux besoins du Trésor : elle mérite d'être envisagée comme une combinaison conçue dans une pensée plus générale et plus élevée de prospérité publique. »

Et qu'on ne s'y trompe pas, les crises financières ou commerciales n'ébranlent pas seulement les positions élevées, elles ne touchent pas uniquement à la grande industrie, aux millionnaires, aux princes de la fortune, elles atteignent principalement les classes ouvrières, les positions modestes, les emplois subalternes.

Prévoir ces situations difficiles et y remédier, c'est donc assurer la pospérité de toutes les classes de la société et particulièrement de celles qui méritent le plus l'aide tutélaire de l'État.

La situation actuelle permet au penseur, à l'économiste, de sonder le mal. En face de ce mal il est facile de juger si le moyen proposé ne serait pas efficace.

VII

CONSIDERATIONS GENERALES

Dans les crises, la gravité du mal est surtout le mal de la peur [1] : c'est là ce qu'il faut guérir. Les preuves de ce fait sont nombreuses. A deux époques diverses peu éloignées de nous, deux crises ont éclaté en Angleterre, depuis le bill de sir Robert Peel. Le gouvernement anglais, se prévalant de la gravité des circonstances, autorisa la Banque d'Angleterre à franchir les bornes imposées par ce bill à l'émission des billets. Deux fois l'annonce seule de cette autorisation suffit pour arrêter les effets de la panique, pour ramener la confiance, pour faire affluer les capitaux à la Banque et dans Lombard-Street, enfin pour faire tomber en quelques jours le prix du loyer de l'argent de 12 à 4 0 0.

[1] Le commerçant prudent est satisfait d'un capital circulant modéré, quand il a la certitude d'avoir la facilité de se procurer aisément un plus large crédit, s'il en a besoin. Mais le moindre soupçon de crise, le pousse à amasser autant de capitaux qu'il peut. C'est alors que la peur (sic) augmente la détresse, et la banque peut toujours trouver le moyen de la diminuer *quand elle ne peut l'éviter*, en paralysant la peur des timides. *The Financial and commercial crisis*, 1847.   by LORD ASHURTON.

Quelle preuve plus éloquente de la facilité avec laquelle l'argent disparaît, de la promptitude avec laquelle le crédit est ébranlé?

Quelle démonstration plus flagrante que, dans le ressort si puissant de la prospérité des nations, dans ce qu'il y a de plus réel, de plus sérieux, de moins livré aux fantaisies et aux caprices de la versatilité humaine, l'imagination, la folle du logis, comme dit Lafontaine, joue pourtant le plus grand rôle ! et l'impression du moment, souvent sans base, vient augmenter les désastres avec un aveuglement irréfléchi.

Qui pourrait admettre que, dans les deux circonstances que je viens de citer, les métaux précieux aient émigré[1]. Mais s'il en eût été ainsi, en vingt-quatre heures la situation n'aurait pas changé. L'argent, introuvable la veille, n'aurait pas afflué sur le marché le lendemain. Nouvelle preuve que le mal n'est jamais aussi grand que l'imagination ou l'intérêt personnel veulent le faire, et que, lorsqu'à côté du mal, le Gouvernement peut placer le moyen d'en atténuer les effets, on est assuré d'avance, sinon de le faire complètement disparaître, au moins de le restreindre dans d'étroites limites[2].

[1] Avec la rivalité que fait notre commerce et nos manufactures au monde entier, le capital à bon marché est notre premier avantage : comment une industrie honnête peut-elle vivre et prospérer quand l'intérêt de l'argent. qui était, il y a six mois, a 2 1/2 °/₀, est maintenant à 6. 8 et 10, et encore pendant plusieurs jours toute cote du taux de l'argent avait disparu et les ordres les plus considérables donnés à nos manufacturiers restèrent inexécutés, par suite de l'entière paralysie du crédit (sic). Le dommage éprouvé dans cette circonstance est au-dessus de toute idée. Les sacrifices et les ruines qui résultent de ces perturbations, qui facilitent le crédit dans un moment et le retirent tout à coup, sont incalculables.

The Financial and commercial crisis. 1847, by LORD ASHBURTON.

[2] A l'appui de cette opinion voici un fait qui se passe à Vienne, publié dans tous les journaux il y a quelque jours à peine.

— On écrit de Vienne. 23 février :

« C'est un fait assez curieux à constater que. malgré la disparition du

Il en est ainsi dans l'ordre moral comme dans l'ordre matériel. La justice, les lois, les pénalités rendent les crimes moins fréquents.

Lorsqu'en France, un ministre des finances aura la faculté, en face d'une situation difficile, (quand l'émission des billets de la Banque au porteur ne sera plus possible par les limites statutaires), d'autoriser une émission de billets *circulaires* à ordre et à date fixe, contre dépôt de valeurs, même contre nantissement de certaines marchandises, jusqu'à concurrence de quatre cent millions, par exemple, cette faculté, j'en ai la certitude la plus complète, suffirait pour arrêter les progrès de la crise. Elle suffirait pour faire face à la situation la plus grave, et pour soutenir l'industrie chancelante elle suffirait pour prévenir un grand nombre; de faillites, et pour éviter la suspension du travail, terrible mal de notre époque qui porte atteinte à la fortune publique, en aggravant considérablement les misères du peuple. Cette mesure empêcherait surtout la baisse trop grande du taux des rentes, véritable fléau en politique par son influence ruineuse sur le crédit public ; mal plus grand encore dans l'ordre moral, par la diminution de fortune indépendante de la sagesse privée, et par les avantages exagérés accordés tout à coup au capital ; en économie politique, par l'élévation trop forte de l'intérêt de l'argent qui détruit l'équi-

numéraire dans la circulation publique. la Monnaie impériale, d'après le relevé officiel qui vient d'être publié, a frappé dans le courant de l'année 1861 pour 21 1/2 millions de florins (près de 53 millions de francs) en espèces d'argent, Il est même probable qu'aucun autre gouvernement européen n'a fait transformer pendant la même période d'aussi fortes quantités d'argent en numéraire. Il y a donc bien de l'exagération à dire qu'une pièce d'argent est quelque chose de rare en Autriche. Ces pièces n'y manquent pas ; mais, comme elles gagnent au change, chacun se garde de les donner en paiement. On les porte chez le changeur qui les achète a prime contre de petites coupures de billets de banque. »

libre naturel et mutuel de toutes les propriétés entre elles.

Quand sir Robert Peel défendit son bill devant le Parlement et mit des bornes à la faculté trop étendue que Pitt avait voulu laisser à la Banque d'Angleterre en renouvelant sa charte, (et que ce dernier fit si bien de lui laisser pendant la guerre), le grand homme d'état prévit, dans la discussion, le cas où il faudrait enfreindre la règle absolue mais non immuable, qu'il voulait imposer. Le gouvernement anglais est sorti deux fois des limites de l'acte passé à l'état de loi, en se réservant de demander un bill d'indemnité au Parlement, et la Banque d'Angleterre, de son côté, appliqua avec un si grand discernement la faculté qu'on lui donnait, qu'une fois, nous le répétons, l'augmentation d'émission fut inutile, une autre fois elle fut presque nulle.

Il est indubitable que les mêmes causes produiraient les mêmes effets dans d'autres pays où le crédit national est fondé sur des bases solides. Les mesures utiles n'ont pas de peine à pénétrer en France, mais elles trouvent de grandes difficultés à s'acclimater. La confiance mutuelle, qui a rarement lieu sans la confiance publique, borne presque à Paris le mouvement des grandes affaires et des vastes opérations, de manière qu'il suffit souvent d'une méfiance non justifiée, d'une crainte réelle ou feinte, à propos d'une mesure gouvernementale, pour produire une dépréciation dans les valeurs, un temps d'arrêt dans tout le mécanisme du crédit commercial, et pour donner naissance à une crise, qui commence par des maisons dites *véreuses*, et arrive à atteindre, sur toute la surface de la France, des maisons solides qu'elle surprend au milieu de la plus grande activité de leurs affaires.

C'est précisément ce mal qu'il faut éviter. On ne peut

y réussir qu'en élargissant la base du crédit, et en familiarisant l'industrie et le commerce avec cette pensée que l'argent ne peut atteindre un taux qui paralyserait le travail, les transactions commerciales et élèverait le prix de revient de la fabrication, de telle sorte que la consommation se trouverait sensiblement diminuée.

Ce n'est pas un des moindres soucis d'un gouvernement que celui de maintenir la confiance publique, cette première loi d'un État bien régi. Il doit veiller à ce que cette confiance ne soit ni affaiblie, ni attaquée, ni déçue. Cette tâche si grave devient moins difficile quand le système financier est fondé, comme en France, sur la moralité, la justice et la probité. Mais le Gouvernement ne peut contribuer seul au développement du crédit public, il ne peut atteindre ce but, s'il n'est secondé par la Banque; c'est l'opinion de tous ceux qui se sont occupés de ces questions.

« Le premier devoir de la Banque, disait lord Ashbur
« ton [1], est de maintenir un équitable moyen de toujours
« subvenir aux besoins de ce qu'on peut appeler le com
« merce légitime du pays, la fabrication et les manufac
« tures. *Il ne doit pas être toléré que ces branches de la*

---

[1] M. Baring, fondateur de la grande maison de ce nom, devint plus tard lord Ashburton, comme Johnes Loyd, autre banquier de la cité, est devenu lord Overston. C'est aussi parmi ces grandes capacités financières, et non seulement à cause de leur vaste fortune, que l'Angleterre recrute les hommes qu'elle met à la tête des affaires, imitant sous ce rapport les anciennes républiques italiennes, chez lesquelles la noblesse ne dédaignait pas de se recruter parfois au sein de ces familles qui avaient su élargir les bornes de la richesse nationale par leurs intelligentes et hardies entreprises, ou soutenir le crédit public par leur concours éclairé et leur sage administration.

Ce fut le premier titre de la famille des Médicis à la reconnaissance de ses concitoyens, et de tant d'autres familles de ces illustres républiques italiennes, comme les Ricci, Chigi, etc.

« *prospérité nationale souffrent.* Les emprunts étrangers et
« les spéculations aventureuses peuvent être abandonnés à
« leurs propres ressources, mais soutenir notre propre in-
« dustrie dans toutes ses branches *est un devoir sacré* pour
« une institution établie par l'autorité. »

Et plus loin « la Banque doit être préparée à toutes les
« éventualités, *à la guerre, à la famine, aux emprunts,* et
« dans tous ces cas, la Banque est tenue à être en position
« de donner son assistance au public et au Gouvernement.
« C'est dans ce but qu'on lui a accordé des priviléges exor-
« bitants. Si la nation a fait des conditions si avantageuses
« à la Banque, et qu'elle ne puisse arriver à remplir ses
« propres devoirs et sa mission, elle n'a pas raison d'être,
« et ses priviléges doivent être anéantis[1]. »

J'ai voulu m'appuyer sur l'opinion d'un homme dont le
mérite et la science financière ont fait toute la grandeur. Il
pensait que la Banque d'Angleterre, comme toutes les banques instituées par les gouvernements avec des priviléges
exclusifs, ont des devoirs à remplir en proportion même
des avantages qui leur sont accordés, et que le premier de
ces devoirs est de soutenir le crédit public, non dans l'état
prospère, mais dans les moments de découragement, de
défaillances, de panique, de crises et même de désastres. Il
disait que ces établissements doivent être en mesure de
faire face aux situations les plus graves, et que s'ils sont
privés des moyens d'y parvenir, ils ne *doivent pas hésiter à
les demander au Gouvernement.*

---

[1] It is for this that it has great privileges: and if we have made such a
bargain with the bank that it cannot afford to perform its proper functions,
thos conditions should be relaxed.

LORD ASHBURTON,
The Financial and commercial crisis. 1847.

Peut-être est-ce une illusion, mais je crois avoir indiqué ce moyen. Le Gouvernement doit en être armé, et dans sa sagesse, l'appliquer lorsque la nécessité l'exige.

Il n'y a de solide que ce qui est naturel et vrai, et les fictions en matière de crédit, avec quelque soin qu'on les déguise, aboutissent toujours aux déceptions. Le crédit fondé sur une valeur déposée ou sur une marchandise existante, est vrai et non fictif : et, un billet à date fixe et endossable est une valeur régulière et commerciale. Une représentation dans les caisses, supérieure d'un tiers à la somme des billets en circulation, est une base solide et au-dessus de toute critique.

Quoi qu'on puisse craindre, on ne verra point de désastres financiers avec des institutions de crédit à la fois sérieuses et libérales. Les désastres sont le résultat des systèmes faibles, fictifs ou timides, des mesures indécises, hésitantes ou imprudentes, et surtout de la progression démesurée dans le loyer de l'argent.

CONCLUSION

Il est possible qu'on accuse les défenseurs des lois imposant une limite légale au taux de l'argent, d'hérésie en économie politique. Je sais qu'on semble donner des preuves d'un esprit plus éclairé, plus progressif, d'un libéralisme plus réel en prêchant pour la liberté des transactions. Mais la vraie liberté est celle qui n'attente pas aux droits de l'égalité, qui ne favorise point l'oppression du travail par le capital, du pauvre par le riche, et la véritable hérésie, en économie sociale comme en politique, est cette liberté sans règle et sans limites qui ne constitue que l'anarchie et le triomphe du plus fort. D'ailleurs il existe dans certaines questions des considérations d'un ordre supérieur qui ne sauraient échapper à l'homme d'Etat. Un pouvoir issu du suffrage universel et qui rappelle si souvent son origine, a des obligations particulières à remplir. Si les gouvernements ont pour premier devoir d'assurer le bonheur des peuples, par toutes les voies possibles, un gouvernement acclamé par la nation, l'élu de la population, doit rechercher avec plus de soin encore les moyens de donner à tous la plus large somme de bien-être et de sécurité. Parmi les moyens qui sont à sa portée pour arriver à ce but, le maintien du taux de l'argent à bas prix est un des principaux, s'il n'est la base fondamentale de toute prospérité nationale.

Des économistes puritains peuvent traiter avec un dédain superbe de pareilles considérations, et proclamer que pactiser avec des préjugés qui tombent de vétusté, qui s'accordent si peu avec notre civilisation avancée, est une preuve de faiblesse ou d'ignorance, et non de force et de raison. Mais le préjugé ne serait-il pas plutôt du côté de ceux qui érigent en dogme immuable et absolu les théories de l'école anglaise, aussi justes et légitimes lorsqu'il s'agissait de réagir contre les vieilles idées de restriction et de monopole qu'elles deviennent fausses et impopulaires lorsqu'il s'agit, comme aujourd'hui, de réagir au contraire contre les dangers d'une concurrence sans frein et qui s'est déjà trop signalée par des ruines et des désastres. Tout est relatif en ce monde, et l'erreur n'est au fond qu'un principe vrai en soi, mais poussé jusqu'à l'extrême. Gardons-nous de ces exagérations qui transforment en mal jusqu'au bien lui-même. Tenons compte de la différence des époques, des lieux, des circonstances ; gardons-nous de cette folie de l'absolu, à laquelle le bon sens vulgaire a donné le nom d'*utopie*. Théoriquement, les raisonnements des ultra-libéraux peuvent sembler justes, en pratique ils sont seulement spécieux et radicalement faux.

On ne conduit pas les peuples avec des théories mais avec l'expérience des faits qui se reproduisent tous les jours. Répétons-le, le meilleur système poussé à l'extrême, aboutit indubitablement à l'absurde.

L'exemple de ce fait est tout près, le Gouvernement, en Angleterre, ne s'inquiète que juste ce qu'il faut de la nourriture du peuple et laisse à l'intérêt privé le soin de s'en préoccuper. Aussi l'Irlande, gémissant dans les horreurs d'une famine pour ainsi dire permanente, témoigne assez haut aux yeux du monde ému que la liberté du *laisser faire*, du *laisser passer* n'est pas la plus heureuse panacée aux maux des populations.

Cependant le principe du Gouvernement anglais est vrai ; est-il juste, humain, chrétien ? Il n'est pas en son pouvoir sans doute de régler les variations atmosphériques, de dominer la nature, de donner de riches moissons lorsqu'elles manquent. Mais il était en son pouvoir de ne pas spolier l'Irlande de son sol, comme il l'a fait ; il était en son pouvoir de ne pas en transporter la propriété à des étrangers, à des absens qui en dévorent toutes les richesses loin du pays qui les produit ; il était en son pouvoir de ne pas écraser l'Irlande, de ne pas l'accabler de tant de charges, et de ne pas augmenter à son détriment l'opulence scandaleuse de l'Église officielle. Il ne l'a pas fait, et ce dur héritage d'iniquités et de haines pèse sur lui d'un poids horrible. En vain invoquerez-vous le fantôme dérisoire de la liberté, quand l'Irlande crie : « J'ai faim » et meurt, le monde entier se lève pour maudire ses oppresseurs. La liberté qui enlève à l'homme le pouvoir de vivre c'est l'assassinat, avec l'hypocrisie de plus.

D'ailleurs il ne s'agit plus d'une question économique, mais d'une question sociale. Ces prétentions qui, au nom de la liberté, voudraient briser la seule entrave protégeant les classes laborieuses contre l'exigeance trop rigoureuse du capital, qui frappent la source du travail, sont un défi jeté aux masses, provoquant immanquablement ces sourdes colères, ces levains de haines qui éclatent un jour, en ébranlant à leur base tout le système social d'une nation. Le vrai socialisme n'est qu'une révolte du travail contre le capital.

Cette considération étrangère à mon sujet mériterait de grands développements, mais ils sont inutiles. Il est des maux qu'il suffit de signaler pour en mesurer les profondeurs. C'est aux esprits sages et prudents de juger si le système d'expérimentation peut être poussé sans danger à ses limites extrêmes.

La misère est une terrible conseillère. Celui qui souffre gémit longtemps en silence, mais il vient un moment où les souffrances accumulées, les douleurs étouffées éclatent en tempêtes?

Déjà forcé par les circonstances, Votre Excellence a été obligée de proposer le rétablissement des anciens impôts sur le sel et le sucre, aliments de première nécessité, et dont les classes laborieuses sentent presque seules le poids. Mais enlever aujourd'hui à l'argent, au capital, toute entrave, quand ce capital est déjà si cher pour le pauvre n'est-ce pas à ses yeux chercher systématiquement tous les moyens d'empirer sa position.

Cette seule considération mérite d'attirer toute l'attention de Votre Excellence. Souvent, au milieu du labeur écrasant auquel sont assujettis les ministres, ils peuvent perdre un peu de vue que la France ne se compose pas seulement de grandes villes, que l'argent est encore rare dans les campagnes, cher, très-cher dans beaucoup de départements, et que faire des lois d'après l'opinion de ceux qui nagent dans les richesses, et pour le petit nombre, c'est partir d'un poin diamétralement faux pour aboutir à une injustice.

Les leçons de l'histoire ne doivent pas être oubliées ; les

théories sociales qui se sont fait jour en 1848, accusaient cette prédilection marquée du gouvernement déchu pour des lois toutes favorables à une classe de citoyens, nuisibles, j'ose le proclamer, aux masses, dommageables à l'intérêt de l'Etat, contraires à la prospérité nationale, attentatoires au développement de l'industrie et du progrès basés sur le travail, car le capital est inerte sans le travail qui le féconde et le travail est impossible sans le capital à bon marché. Enlever donc toute limite légale au capital c'est condamner le travail à une suggestion, à un esclavage, qui refoulera tout progrès industriel jusqu'aux limites de l'impossible, c'est provoquer une émigration de l'ouvrier habile, du manufacturier, de l'industriel intelligents vers des pays où le capital est à bon marché, c'est en un mot créer une loi de privilége, en dehors des progrès, des institutions, et des mœurs de la France, c'est ouvrir les routes à des commotions sociales, et oublier que les fautes d'un gouvernement font le salut de ses ennemis.

Je suis, de Votre Excellence,

le très-humble et très-dévoué serviteur,

TERTIUS.

12.199 — Abbeville imp. R. Housse.